《教师成长的秘密：漫步于校本培训的阡陌》是一本生动的校本培训教材。昌良校长及其学校的成长经验值得教育同行学习，他的生动实践也表明，校本培训促进教师专业成长大有可为。

——袁振国（华东师范大学教育学部主任、教授、博士生导师，国家督学，中国教育学会副会长，中国教育科学研究院原院长）

许昌良校长丰富的教育经历让他的教育思想逐步变得清晰与澄澈。他对学校每项工作的价值都有自觉的认知，而他对教师的知识管理则是所有自觉中最大的"自觉"。他的"经验＋反思＝成长""学习—实践—反思"的成长逻辑、"教师专业发展组织"等实践，无不予同行新的启迪。

——郭永福（中国教育学会原常务副会长，教育部创新人才研究会顾问）

许昌良校长深谙教师成长规律，合理设置教师成长目标，多样态、多渠道促进教师专业发展。他的所有实践都是柔性的、温暖的、充满关怀的，因而也是自觉的。而我们这些年来一直苦苦追寻，甚至魂牵梦绕的所谓"文化""特色"不正是这些"柔性""温暖""关怀"以及"自觉"吗？

——龚春燕（研究员，特级教师，西南师范大学教授）

许昌良校长用一支生花妙笔，不疾不徐、不夸不饰地将自己和教师们专业成长的一路旅程娓娓道来，说尽了一名优秀教师成长中的喜乐悲欢，也诠释了校本培训的真谛，读来给人启迪与鼓舞！

——张新平（南京师范大学教育领导与管理研究所所长、教授、博士生导师，北京师范大学"985工程"首席教授）

昌良校长扎根学校现场躬耕垄行，在行动中进行实证研究，培训教师进而改变学校。时至今日，"萧规曹随"式校长依然不少，而像昌良这样的校长却不多见。

——代蕊华（教育部中学校长培训中心主任，教授，博士生导师）

我一直在主持中国教育内涵改革整体解决方案，主张学校的每一个方面都应生成、构建一个可持续发展的体系，校本培训当然如此。但是在实践中要真正实现系统化、有层次、出实效则很困难。昌良校长"十年磨一剑"，把校本培训体系化工作做得风声水起，在他的学校里做教师，篷生麻中，不扶而直，在体系中成长，成为一种必然。

——林格（著名学者，中国教育内涵改革整体解决方案首席专家，全国养成教育总课题组组长）

人不能喧闹、不能作秀，更不能炫耀，但人也不能没有精神，不能没有思想。我一直主张做一个有追求、精神灿烂的人，昌良校长也正努力成为是这样的人。

——成尚荣（国家督学，教育部基础教育课程改革专家委员会委员，原江苏省教育科学研究所所长）

校本培训是成就学校品牌的密码，许昌良校长由此成就了教师和学校，也成就了他作为教育家型校长的品牌地位。

——王永江（《学校品牌管理》杂志总编辑，广东教育现代化专业委员会副理事长，被誉为"中国学校特色建设领军人物""中国学校品牌教练之父"）

昌良校长是一位"高产"的教育家型校长，此书便是最好的见证。我揣摩其"高产"的秘密，就是始终坚持"田园研究"。尤其让我感动的，是他一直秉持的"独立的精神"与"自由的思想"。

——赵宪宇（著名教育散文家，无锡市教育科学研究院副院长，正高级教师，特级教师，享受国务院特殊津贴专家）

我特别注意到，那些在他"逼迫"下化羽成蝶的故事，真挚感人。他们曾经的不理解、误解甚或抵触后来都化为了美丽的衬托。良苦用心的校长则是"赠人玫瑰，手有余香"。

——刘玮（教育学博士，正高级教师，江苏省人民教育家培养工程培养对象，苏州市姑苏区吴门教育集团总校长）

THE SECRET OF TEACHERS' GROWTH

许昌良　著

教师成长的秘密

漫步于校本培训的阡陌

暨南大学出版社
JINAN UNIVERSITY PRESS

中国·广州

图书在版编目（CIP）数据

教师成长的秘密：漫步于校本培训的阡陌／许昌良著. —广州：暨南大学出版社，2020.3
ISBN 978 - 7 - 5668 - 2783 - 8

I. ①教…　II. ①许…　III. ①中小学—师资培养—教材　IV. ①G635.12

中国版本图书馆 CIP 数据核字（2019）第 241014 号

教师成长的秘密——漫步于校本培训的阡陌
JIAOSHI CHENGZHANG DE MIMI——MANBU YU XIAOBENPEIXUN DE QIANMO

著　者：许昌良

出　版　人：张晋升
责任编辑：潘江曼
责任校对：黄　颖　林玉翠
责任印制：汤慧君　周一丹

出版发行：暨南大学出版社（510630）
电　　话：总编室（8620）85221601
　　　　　营销部（8620）85225284　85228291　85228292（邮购）
传　　真：（8620）85221583（办公室）　85223774（营销部）
网　　址：http://www.jnupress.com
排　　版：广州良弓广告有限公司
印　　刷：广州市穗彩印务有限公司
开　　本：787mm×1092mm　1/16
印　　张：14
字　　数：237 千
版　　次：2020 年 3 月第 1 版
印　　次：2020 年 3 月第 1 次
定　　价：58.00 元

（暨大版图书如有印装质量问题，请与出版社总编室联系调换）

序　校本培训促进教师专业发展大有可为

　　习近平总书记强调，教育是国之大计、党之大计，是全党全社会共同的事业。党中央历来高度重视教师队伍建设，从 2010 年《国家中长期教育改革和发展规划纲要（2010—2020 年）》，到 2018 年 1 月 20 日中共中央、国务院印发的《关于全面深化新时代教师队伍建设改革的意见》，从 2018 年 9 月 10 日全国教育大会上习近平总书记的重要讲话，到 2019 年 2 月 23 日中共中央、国务院印发《中国教育现代化 2035》，这一系列重要纲领性文件的出台，标志着我国教育正在走向教育现代化的新时代。这都集中体现了深入贯彻党的十九大精神，落实立德树人根本任务，加强党对教育工作的全面领导，坚持教育高质量发展。特别是《中国教育现代化 2035》在其"十大战略任务"中更加明确提出"建设高素质专业化创新型教师队伍"的新要求，即"培养高素质教师队伍"要夯实教师专业发展体系，推动教师终身学习和专业自主发展，体现了新时期党中央对打造一支党和人民满意的高素质专业化创新型教师队伍的殷殷期盼。

　　进入教育现代化的新时代，教师发展问题显得日益重要而迫切。教师不仅是知识的传递者，而且是道德的引导者、思想的启迪者、心灵的开拓者，是情感、意志、信仰的塑造者。教师的发展就其职业属性来说，归根结底是专业发展问题。从我们国家教师队伍建设的现实来看，教师这一行业也正从非专业、准专业向完全专业化道路不断前进，教师资格体系和准入制、职称和考核评价制度等的不断健全和完善就是证明。中国教师队伍的培养和培训正在经历着历史性的变革，正在从发展数量向提高质量转变。尤其是随着人工智能时代的到来，互联网、物联网以及相关技术的突破，使现实世界与虚拟世界的万事万物都联系了起来，这种连接迅疾、广泛，每个人都成为提供者，也成为分享者。传统的教师知识垄断者的角色迅速改变，封闭性、自上而下的主导性都将弱化，教什么、怎么教、学什么、怎么学的固有模式都将逐步瓦解。于是，学校不再单纯的是传授知识的场所，学生学习也并不是师生之间的简单"授—受"关系，而是多样化、个性化、多向性的学习。对学校而言，从来未有地需要走向文化的境界，要走向个性化、特色化发展，这都对教师提出了巨大的挑战，与"课改"相匹配的教师专业化成为中国现代教育改革与发展的崭新要求。从这些意义上说，教育质量就是教师质量，学校文化的核心就是教师文化，学校的内涵就是教师的内涵。

在教育走向现代化的新时代，教师的角色也应当发生根本性变化，即从传道授业解惑者，走向学生生命发展的陪伴者和精神成长的引路人。这需要教师有崇高的精神境界，需要教师有审美和诗意的人生，需要教师不断超越自我。所有这一切，都需要教师不断自觉地提高与完善自我，而实现这一使命，则需在教师自我修炼的同时，学校进行教师专业发展的"顶层设计"和科学规划，立足学校现场，开展个性化、富有实效性的校本培训。《教师成长的秘密：漫步于校本培训的阡陌》一书便是在这一背景下开展校本培训探索的代表性成果。

本书作者许昌良校长是江苏省基础教育领域的卓越校长之一，是江苏省人民教育家工程培养对象，我曾作为导师，多次参与他们的活动，并参加了昌良校长的办学思想研讨提炼活动。昌良校长立足于自己学校实际，提出"新平民教育"思想，并全面、系统、通透地建构了自己教育思想的实践体系，包括"新时期养成教育""本色课堂""良师队伍建设""教育社区建设"等，积极开展行动研究，取得了优良的业绩。他和其团队对义务教育阶段学校个性化发展所做的探索，难能可贵，这些都给我留下了深刻的印象。他是一位具有较强领导力与行动力的校长，尤其是在开展校本培训、促进教师专业发展方面，给我留下的印象特别深刻。昌良校长从自身成长经历出发，用大量丰富翔实的实例讲述了自己从一个普通教师走向卓越的教育工作者过程中的一些"重要任务""关键事件"，细致地叙述了自己担任校长之后执着地开展教师培训、促进教师成长的往事，从故事中揭示了教师专业发展的内涵、本质与价值，阐释了"基于学校"的校本培训来由、原则、样态、方式等专业化问题。一个个片段看似零散，却富有神韵又紧密关联，尤其是作者呼吁教师走出"教师—教材—分数"的蒙昧，走向"面向经典""行动研究""低空飞行""生活史表达"，生动地描绘了未来教育、未来教师优质生活的图景，真是难能可贵。这样一本个人与其所领导的学校教师专业成长的叙说，就是一本生动的校本培训教材。昌良校长关于校本培训的理论探索及其学校的成长经验值得教育同行分享，他的生动实践也表明，校本培训促进教师专业发展大有可为。

教育现代化的根本是教师队伍的现代化。新时期教师队伍建设使命光荣，任重道远。希望昌良校长在通过校本培训、促进教师专业成长的道路上继续探索与实践，创造更多的优秀经验，切实为我国的基础教育改革发展做出新的贡献。

袁振国

2019 年 7 月 7 日

（华东师范大学教育学部主任、教授、博士生导师，中国教育学会副会长，中国教育科学研究院原院长，曾任国家教育体制改革领导小组办公室副主任，国家教育咨询委员会秘书长，教育部师范司副司长、社科司副司长。）

目　录

序　校本培训促进教师专业发展大有可为　/1

楔子　不是培训的培训　/1
　"要那么高的文凭干啥?"　/2
　从办"夜校"开始　/4
　"江苏省人民教育家培养工程"培养了我什么　/6
　我抓住了"两个世界"　/8
　"人是不可能完成的东西"　/10

第一章　教师专业发展"发展"什么　/15
　教师到底要"发展"什么　/16
　教师专业发展是一个怎样的过程　/20
　教师专业发展路在脚下　/25
　校本管理促进教师专业发展　/33

第二章　风物长宜放眼量　/37
　上了第一届研究生课程班　/38
　发誓要做特级教师　/40
　我迷路了　/42
　当"第一名"落榜时　/44
　"复盘式"评课的开示　/46
　成长的约定　/48
　我的成长逻辑　/50

第三章　为什么偏偏是校本　/53
　师资是办好学校的第一关键　/54

坚决在校园里"消灭"打牌现象 / 57

办一所名副其实的好学校 / 59

好的教书人都应该是"读书人" / 61

好看的 100 张照片 / 63

这所学校有名堂 / 65

校本培训缘何而来 / 67

第四章 适合的才是最好的 / 71

你愿意做哪一只"小田鼠" / 72

我们的"成分"是学生 / 75

阅读,是一种"拯救" / 77

当培训受到教师冷落时 / 79

培训方案从研究中来 / 81

校本培训误区知多少 / 83

把培训当成刚性的工作 / 86

第五章 培训正道在何方 / 89

用"两大理念"指引 / 90

绘制教师成长的"同心圆" / 92

校本培训的"顶层设计" / 94

建设一个"良师工程" / 96

校本培训讲原则 / 102

校本培训中的校长责任 / 104

第六章 量身定制促发展 / 109

引导教师制订个人发展规划 / 110

建立教师专业发展组织 / 112

创新"青蓝工程" / 116

校本培训要坚持"专题"突破 / 118

"赛""训"结合更有效 / 120

区域师训的"UAS"模式 / 122

沿着"阶梯"往上走 / 124

"2＋2"教师校本研训一体化 / 126

　　用机制规范校本培训　/ 130

　　校本培训的文化氛围营造　/ 133

第七章　学研结合两相宜　/ 135

　　校本培训与行动研究　/ 136

　　校本培训中的教学叙事　/ 139

　　校本培训中的生活叙事　/ 143

　　校本培训中的自传叙事　/ 145

　　闲暇与教师的日常生活　/ 148

　　教师从反思走向自由创造　/ 151

第八章　一场静悄悄的革命　/ 155

　　"人就是他所吃的东西"　/ 156

　　用"节日"助推教师培训　/ 158

　　"626 校本培训工程"助力教师成长　/ 160

　　让自主阅读成为最好的培训　/ 163

　　培训有效,学校就能改变　/ 165

　　用经典来"压住"浮躁的心　/ 168

　　创造"学习共同体"　/ 170

第九章　不能忘怀的成长记忆　/ 173

　　用心就是专业　/ 175

　　比努力更重要的是方向　/ 182

　　有机会就一定能出彩　/ 187

　　"制造"成长中的"关键事件"　/ 192

　　牵课堂"一发"而动学校"全身"　/ 197

　　内驱力是教师成长第一要素　/ 201

　　好教育就是与好人相遇　/ 205

参考文献　/ 213

后　记　/ 215

楔子

接过女娲手里的一块彩石

击散眼前的重重迷雾

借来智者慈祥的目光

打开自己思想的门扉

端坐于神圣的杏坛

沉浸于厚厚的经典

那奋斗的身影啊

可是我生命的语丝

"要那么高的文凭干啥?"

我是20世纪80年代中期走上工作岗位的,那个时候中小学老师的学历相对不高,尤其是在农村学校工作的老师,基本上都是高中、中师学历,拥有大专学历就已经很不错了,本科更是凤毛麟角,且大部分都是二次进修获取的。

我走上工作岗位之后,工作一直很努力,从老师到教研组长、教导副主任,工作的成绩也得到了校长的充分肯定和同事们的称赞,几乎每年都能获评"乡镇教育先进工作者"之类的称号。那个时候,大家都还很看重学历,我就一直想进修拿个本科文凭。可是,当时如果没有单位领导同意,没有单位在报名表上盖章,是无法报名参加成人教育考试的。又是一年的春天,到了成人高考招生报名的季节,我便准备找校长,十分诚恳地表达了自己的想法,并向校长表达:我绝不会影响工作,会更加努力做好自己的工作,请校长同意我报名。

校长对我一直很器重,多次在公开场合表扬我。我自认为与校长关系好,他一定会应允。我找到校长,表达了自己的诉求。他立即说,"小许啊,你就好好把自己的业务做好,好好做个班主任,不是很好吗?学校还准备对你加以重用!在中小学啊,有你这样的学历就足够了"。校长的一番话让我无言以对,晚上回到家后,思来想去,我还是不甘心。我想,未来教育不断发展,对老师的要求会越来越高吧,我还是要争取一下。过了几天,趁校长心情比较好,我又去找他,旧话重提,校长似乎有些不悦,说道:"安心做好工作吧,进修终归会分心的,我会对你负责的。"我没辙了,只好没趣地退回来。

怎么办呢?我想了一天,想到了在中学做会计、与我们校长关系不错的叔祖父,估计他可以解决这个问题。我找到叔祖父,他很"给力",说

"年轻人喜欢学习不是好事吗？就该看远些，学习总归是好事"。他爽快地答应了我的请求，也很快就找了我们校长且做通了校长的工作。叔祖父告诉我，校长是这样说的，"我是想让他好好做好业务，下一步好好培养，要那么高的文凭干啥？实在想学就去学吧"。

就这样，通过多次努力，我终于获得了继续深造的机会。后来，我通过三年的努力最终拿到了本科文凭。现在回过头来看，当时自己的执着是值得的。不久，教育行政部门就要求教师提高学历层次，当年看我早参加进修而持无所谓态度的那些老师，后悔当时没有参加。今天，许多地方要求高中教师都必须有研究生学历，甚至有许多中小学已经开始有博士任教了。我认为，能主动意识到学历的重要性，在提高学历的过程中丰富知识储备，更新知识结构，无疑是正确的。

如果说当初进修只是满足提高学历的需要，那么后来的不断学习则是自觉的知性要求。我总是牢记苏霍姆林斯基的话："如果你想成为一个好校长，那你首先就得努力成为一个好教师，一个好的教学专家和教育者，不仅对你所任教的那个班级的孩子是这样，而且对社会、人民、家长所托付给你的那所学校的所有学生也都是这样。而如果你担任了校长职务，便认为凭着某种特殊的行政领导才能就可取得成功，那你还是打消当一名好校长的念头吧！"

秉承这样的教育信条，我常常会将心比心，也总是"闻学则喜"：只要是教师想学习，我总是积极支持，并督促老师注重学历进修，提高专业水平。今天回过头来看，他们遇到我这样的校长也是一种幸运。我在做校长之初，是"逼"着教师参加学历进修，那时农村教师继续学习的意识还很淡薄。而从不愿意让教师参加进修到鼓励教师进修还不到十年的时间，可见教育发展变化之快。所以，教师学历进修，既有外在的压力，更要有内在的动力，要不断地去追求，提高自己，自己有动力才能成长。从我自身的学历进修的过程来看，我觉得年轻老师在从教之初应当不断地自加压力，追求自我成长和进步。人生是需要在不断进修中成长的，我们要做的首先是自己有这个意愿，当个有心人。

从办"夜校"开始

　　1999 年暑期以前，我一直在乡镇学校工作。自从走上学校管理岗位后，我的主要工作包括两个方面：一方面是做外部校园建设的事情，主要是努力改善学校的办学条件；另一方面是严格学校内部管理，即抓好教学管理，提高学校办学质量。

　　1995 年 8 月，我从老教育助理手中接过一个乡镇的 24 所学校时，那种状态真是令人发怵：这些学校在全县所有乡镇学校中办学条件算最差，有两百多间危房，以中心校为例，平房全部是水泥屋梁和水泥行条，摇摇欲坠。只要刮大风下大雨，就觉得房子仿佛在摇晃，学校立马得停课。有时候我在教室里上课，就十分担心突然间屋梁会坍塌，尤其是在阴雨天，我会下意识地时不时望向屋顶。我几乎每周都会跑去政府大院找书记、镇长，千方百计要促成组织村书记、村主任到石集、车门两个办学条件改善先进乡镇学校参观，促成书记、乡长亲自召开全镇改造危房工作会议，不久便如愿以偿。通过拿到"尚方宝剑"，我就天天跑村支部，找书记、主任、会计"三大员"，努力促成村级学校改造危房工作。随后，在教育局和镇政府之间来回跑，争取相应的政策，调动村里干部、群众办学的积极性。通过上下奔走、左右协调，三年里筹措了八百多万元的经费，终于把全镇两百多间的危房全部改造完成，保证了学校师生安全，我也长长地松了一口气。

　　当然我不是做完第一件再做第二件的，而是齐头并进。我做的第二件事情就是培养教师，努力提高教育教学质量，使自己有说话的"本钱"。当时的乡镇老师数量不足、学历不高，50% 以上的教师是民办教师与聘用的合同教师。怎么办？当时全国已经在提倡素质教育，起码需要把课程开齐开足，保证课程的实施。在今天看来这些似乎是微不足道的，但在当时，非同小可。尤其是连中心校都没有足够的专职音乐、体育、美术老师，这三门课也形同虚设，更不要说村级小学了？怎么办？我就把县城里优秀的音乐、体育、美术老师请过来，先培训中心校的年轻老师，然后通过"二级培训"来培训村级学校的音、体、美老师。星期天，请县城的老师来培训骨干老师，晚上就把村小的老师集中起来，开展"二级"培训。授课时间为19：00—21：00，老师们回到家往往是十点钟了，就这样，经过一年左右的时间，勉强把音、体、美课都上起来了。

为了深入推进素质教育，我采取"倒逼"的方式，即组织比赛，让学校在组织活动中渴望优秀师资，从而激发他们参与培训的动力。就这样，我们乡镇就举办了年度的中小学生运动会，举办了全镇的学生作业展、学生书画展、艺术节等，国家规定的课程得到了重视，教学质量也上去了。这些在今天看来可以说都是不足挂齿的事情，但当时要对其实施的确是很困难的。在当时，阻力很大，很多校长不支持，因为要做老师的思想工作需采取很多软硬兼施的办法，既要说服动员校长，也要动员老师参与。当所有课程都能够开齐时，老师们参加全镇活动，有史以来第一次见到自己学校的孩子们也能展现出一些才华时，大家逐渐理解并支持了。

1998年春季，"江苏省改造薄弱学校现场会"在宿迁市召开，我们学校在会上进行了一个主会场汇报活动。我介绍了培训师资开启课程的经验，当时江苏省教育厅分管基础教育的副主任周德黄先生对我们给予了高度评价，他说这是"苏北素质教育的模式"，号召向全省推广，这就是我最初开展校本培训所得到的经验。更为重要的是，由于课程开齐开足，实施得比较好，语文和数学两科质量也奇迹般地提高了，在社会上也是声誉鹊起、有口皆碑。

"江苏省人民教育家培养工程"培养了我什么

　　我是一直渴望学习的，不学习就不行。尤其是做校长之后，面对当代汹涌澎湃的教育改革浪潮，总有一种"本领惶恐"感，总是感到那些行色匆匆的人都在超越自己，总是有种莫名其妙的紧迫感，因而一直持续学习。评上特级教师，获得正高职称之后，我又踏上了新的征程。真是生逢其时，2009年，江苏省启动了"江苏省人民教育家培养工程"，这是江苏省教育厅培养最尖端的校长、教师的一项大工程，计划用十二年的时间，从江苏省的一千五百余名特级教师当中选两百名最优秀的校长和教师，分四期进行培养，每一期五十人，通过五年的时间，使他们能够成为当地公认的人民教育家。当时由于我工作调动，就推迟到第二期参加，很幸运地进入了中学校长组。

　　在五年时间里，我先从中学小组的学术秘书做到副组长，再到中学校长组的组长，我便带领我们组里的校长一起学习、一起成长。教育厅为我们配备的导师是袁振国、陈玉琨、张新平、龚放、程振响五位教授，他们都是当代国内大名鼎鼎的教育专家。我们在五位导师的引领下开始学习和研究。这五年是艰苦、磨炼的五年，也是破茧重生、化羽成蝶的五年。其间，我们读了《论语》《学记》《什么是教育》《教育的目的》《陶行知文集》《民主主义与教育》《剑桥学习指南》《哈佛通识教育红皮书》《当代教育学》等。坚持着完成了"催生教育主张"理论素养提升计划、"推动教育创新"实践模式构建计划、"牵手农村教育"责任修炼计划、"走近教育家"分类阅读计划、"聚焦实践问题"小组合作研究计划、"带动共同发展"团队建设计划、"教育家办学"影响力论坛计划、"行者无疆"教育考察计划。

　　培训活动中，我们参加了每年一次的学术周，相继走进北京大学、清华大学、复旦大学、浙江大学、南京大学等国内顶尖高校，近距离聆听专家、学者的报告并参与对话。我还有幸两次主持儿童文学家曹文轩先生的报告会。这五年里送教到苏北农村是必修的功课，到苏北农村学校通过讲座上课、和教育局以及校长交流，帮助他们做区域以及学校工作改进指导，并通过专题报告培训区、县的老师。江苏省教育厅还专门为我们立专项课题，研究申报省规划立项课题。我们接受了中期考核和结业考核，考核时省里会派专家前来，考核中我们面向全市校长、教师做个人教育思想汇报。因此，我们在中期考核时就提炼总结了自己的办学思想。

这五年，我通过大量的阅读、思考与实践，提炼了自己的"新平民教育"思想。提出教育主张绝非易事，都得经历一个痛苦的思考过程，也培养了一种教育批评精神与反思习惯。归纳和洗练的结果是最终得到了专家的认可，而且在本校也进行了广泛的实践，最后形成了我的新平民教育代表作——《新平民教育论纲》。著名教育家顾明远先生对这本书给予了高度评价，并欣然作序。这五年，也是我思想"涅槃"的过程，其间，我感觉我的最大收获是思维方式的变革，是我的批判性思维的形成，是我对教育由表及里的深入的反思和认识。现在我考虑问题，更多地会从上位角度去思考，我会不断地反思事物背后的本质和规律，并努力去求证。我也学会了顶层设计，在我的学校开展"本色课堂""新时期的养成教育""良师工程""新教育社区"建设等现代学校制度建设工作，自觉地从顶层去设计一所学校，这是我最大的进步。与其说这五年是一个进修的过程，不如说是我自己不断地向上攀登的过程，是我的教育思想和精神升华的过程，这是我最大的收获。

教育家之名我是不敢企及的，却心向往之。用教育家的思想与情怀办好几所学校，不为其他，只为心安理得，这是我的夙愿。正如斯多葛派著名哲学家、古罗马帝国皇帝马可·奥勒留·安东尼所说："一个人退到任何一个地方都不如退入自己的心灵更为宁静和更少苦恼，特别是当他在心里有这种思想的时候。"2019年5月，广州市第二期"教育家培养工程"选拔学员，教育局师资科征求我的意见，陈科长对我说："你已经是'江苏省人民教育家培养工程'的培养对象，而且培养期已经完成，且考核是优秀，有必要参加吗？"最后我还是参加了，并且以优异的成绩通过选拔。有这样的学习机会，能不断地学习思考，真好！真的好希望能学到老！这似乎既是一种人生的往前推进或向上攀登，也是另一种"退入自己心灵，寻求心灵更为宁静和更少苦恼"。

我抓住了"两个世界"

　　许多在学科专业上有追求的校长都有一个苦衷，那就是大量的精力都会花费在学校管理的具体事务上，每天有处理不完的琐事、没完没了的检查与考核，也常常被迫无奈地迎来送往。我们的体制是"教而优则仕"，许多校长都是优秀教师出身，有很好的专业发展前景，有的甚至能成为自己学科领域的专家，可惜的是许多校长就被掩埋在烦琐事务之中，慢慢地失去了"初心"，变得"油腻"了。当他们多年后回头看时，似乎就是一个学校管理者，"两手空空"，内心就会特别空虚。特别是当自己还有梦想时，就会感觉自己非常贫乏与无力。当前校长的专业职务晋升，必须和老师一样拥有相当数量的教学、科研的指标要求，甚至比对老师的要求还要高，许多校长便显得捉襟见肘。他们可以这样说："我整天忙于学校管理，哪里会有时间做教学上的研究呢？"说着这样的托词，原谅自己，看似有理，实则非然。

　　想当年，我就是在这样的纠结中走出来，可以说是一路狂奔过来的。那些年，我一直在思考，假如有一天我不做校长了，那我还能做一个好老师吗？于是带着这样一种紧迫感，一直努力地做好自己的语文学科专业，一直坚持不离开课堂，坚持不离开学科科研，坚持阅读和写作。十几年来，我一直关注语文教学的研究，提出了"沉静语文"的教学主张。我每年都会阅读大量高质量的学术文章，阅读语文学科方面的前沿教改信息，尽可能挤出时间和语文学科专家见面交流。每年我会听上百节课，然后进行总结和提炼。积极参与各项活动，特别是从 2009 年开始，我带语文名师工作室，工作室成了提升自我的平台。我向工作室的青年才俊们学习，走进他们的语文课堂进行发现和研究，他们的发展进步激励了我，也改变了我。我的学员遍布区内各所学校，后来都成为区内语文学科的骨干。在这个"学习共同体"中相互学习，逐渐诞生了"沉静语文"的思想，这一切都是在实践中颖悟的。2013 年，"沉静语文"研究成果获得了"江苏省基础教育教学成果"一等奖。2010 年 1 月，我晋升为教授级中学高级教师，然后又成为"江苏省人民教育家培养工程"培养对象。倘若没有这些年在学科方面的守望，我可能已经干瘪、枯燥了，也就成了"油腻校长"。

时间好像一条由发生的各种事件构成的河流，而且是一条湍急的河流，刚看见了一个事物，它就被带走了，另一个事物随即来代替它，随之又将被带走。这几年的教育发展更是给了我选择的感受。正是因为有着这样的理解，这些年来，我总以学习、实践、研究为乐，一直马不停蹄地行走在教学和管理这"两个世界"里，做到"两手抓，两手都要硬"，尽管自己并不轻松，但是觉得很值得，觉得自己"行走"在教学一线，心里不空虚。对于学习与成长而言，校长必须始终保持"知觉灵明"，校长的进步不是局长、区长的事情，是自个儿的事情。若是想靠上级领导来催促，那这个校长也不必做了。时间自己挤，机会自己抓，效果自己检验。唯有如此，校长才会有抓好教师培训的觉悟。同时，我也悟出了，一个优秀的校长，就应该既要"仰望星空"，也要"脚踏实地"，他的心中装满"两个世界"，他的手上紧紧握住"两个世界"，才能在当今的教育背景下成为一个优秀的校长。我也算计着，大约到退休的时候，写一本书，把自己几十年学校管理以及对学科教学研究的经验总结一下，书名就定为《我也抓住了两个世界》。

"人是不可能完成的东西"

  也许"心安理得"与"辗转反侧"就是人生的常态。我不如许多校长那般自信，常常感到孤独与不安，面对汹涌澎湃的教改浪潮，总是担心自己因学识与能力的退化而落伍。我在 20 世纪 90 年代中期，参加南京师范大学第一届教育学研究生班学习，当时我是副校长，我的老助理（我的上级）说，"农村学校也用不上很多的教育理论，认真干就能做好校长"。不过，他人真的很好，还是很支持我，说"年轻人爱学习终归是好事，所有经费我都支持"。我很感谢那一段时光的学习，我用心准备，下功夫学习，精读一些教育理论书籍，奠定了我的教育理论基础。到 2002 年，我参加了北京师范大学的公共管理硕士课程学习，我当时的考虑是教育者要跳出教育来看教育。在公共管理课程学习中，我读了经济学、管理学等理论方面的书籍，拓宽了视野，摆脱了教育的拘束。

  在做校长的 20 多年来，我一直就是这样行走在不断"充电"的路上。我的学习不是为了文凭的被动学习，而是发自内心的，都是基于对未来的紧张焦虑，甚至是底气不足，才努力赶路的。从 2003 年开始，我针对校情与当时教改实际，申报课题，从对"包容教育理论与实践"的研究，到对"沉静语文"的关注，再到"新平民教育"的探索，再到今天对"开放教育与明日学校"的关注，一直处于吸收、思考与探索中。从总结实践经验的"豆腐块"到总结自己的办学思想，从完成工作总结到反思写成论文和专著、提炼自己的思想，都有从不充实、比较稚嫩，再到比较系统和有影响力的过程，而推进这个过程的正是前面所说的焦虑感、紧迫感。大约这是由于自己有一颗上进的心，自己有一种努力向前的动力，我很感谢保有这颗"初心"。

  德国教育家、文化学者卡尔·雅思贝尔斯曾说："人是不可能完成的东西，他永远向未来敞开着大门，现在没有，将来也永远不会有完整的人。"他的话提醒我们，人倾其一生也不可能"完成"自己，永远需要学习。不仅仅是未成年的学生，而是所有的人。人唯有不断学习，才会是真正的人。这也正是无数学者到了晚年依然勤学不辍的根本理由。学校作为大规模的文化传承场域，教师作为人类精神文明的传播者，不仅需要知识丰富，更需要不断更新知识，需要更多关于元教学的知识。我们所在的世界已经进入一个学习化社会，一个信息化的时代，一个世界一体化时代。教师的职能绝不再是传递书本上确定性的知识，而应该更多地为年轻人带来精神世界的丰富与完善，应该更多地用自己的丰富与充实点燃年轻人的思想与激情之"灯"。因此，教师的学习比任何时代都显得更为重要与迫切。世界上有太多的职业，教师这个职业，是一个需要不断反思和改进的职业，是一个科学与艺术高度凝结的职业，因此教师需要不断地进修提高，不断地充实与完善。教师的学习要自觉自为，最好的培训是"自己培训自己""书本培训自己""实践培训自己"。

在多年的教学与管理、生活中，我一直认为，随着时间的推移，所有的当时认为"重要"的工作都会变得不那么重要，甚至无关紧要。然而，影响、带领同事们学习进步是最要紧的，这种知识更新，我更愿意称为"蜕变"，是真正把人抓在手上。

2010 年，美国年度教师韦斯林认为："或许优秀教师都有矛盾之处：只有当你并不认为自己是优秀教师的时候，你才能成为优秀教师。如果以为自己是老手或者专家了，那么就会不求上进，从而影响自己在专业发展上的进步与突破。这意味着，即便是优秀教师，也应该把自己当成新手，当成刚刚上岗的教师。"他还认为，"这将不断推动教师持续迈向专业发展与教学事业的新高峰"。

我深以为然，并且认为，作为校长，对教师进行"知识管理"才是根本性的管理。

【典案例证】

曹乾老师，20 年前和我在一起工作，他认为自己是一位"贪玩"的人，但看到他的回忆和感受，我也是感慨万千。

点滴往事记心头
——我的兄长许昌良校长

1990年9月，我带着一脸的稚嫩，憧憬着心中的梦想踏上三尺讲台，一晃三十年了，最让我难以忘怀的，是与许昌良校长在一起工作的十年，许多点滴往事，至今仍然萦绕心头、挥之不去。

"我的良师益友"

刚走上讲台的我，没有工作方法，更谈不上拥有教学技能，每天面对备不完的课、改不完的作业，就是苦干加蛮干，对待"教学六认真"工作，总是找不着调，日子久了就会心生烦乱。那时的许校长，比我早工作几年，在业务上已经是一把好手了，多次在各级评优课中获奖，经常在县内外展示公开课。对于在业务上茫然的我，许校长总是无私地给予帮助，点化我如何备课，怎样上课，让我较早地掌握一些教学技能，并让我对干好教师这一职业坚定了信心。

"苏北教育一枝花"

90年代初期的界集中心校，地处镇区中心，占地仅有十多亩，一个大的四合院，共有二十几间教室。每逢下雨天，教室外面下大雨，里面下小雨，要是遇上恶劣天气，只能停课。许校长看在眼里，愁在心里，后经过多方努力，镇政府终于答应异地新建，校园面积扩至近四十亩，就在1991年春节来临之际，一幢崭新的三层教学楼拔地而起。这幢教学楼的建成，在当时虽不算稀罕事，但是由于许校长借办学条件改善之机，严格学校常规管理，学校育人水平高，在全县教育界产生很大影响，各级领导纷纷前来，时任淮阴市教育局局长姜映梅（后来任江苏省省委教育工委副书记）踏入界集中心校时，脱口就是：是学校领导的高瞻远瞩，才会有这样的学校，这里是"苏北教育一枝花"呀。从此，这一美好的称呼，响彻泗洪大地，传遍县内县外。

"农村第一所省级实验小学"

有了"苏北教育一枝花"的美誉，许校长又大胆提出创建"省级实验小学"的设想，这在当时犹如痴人说梦。在很多人的心里，创建省级实验小学是城里学校才可以想的事情，我们地处农村学校，人力、物力皆匮乏，若想创建成功，其难度可想而知。但是，许校长是一个不轻言放弃的人，因为这一创建，可以大力提升学校的办学品位。许校长瞄准目标不放松，说干就干，说服领导，争取资金支持，激发教师干劲，增强事业动力。许校长首先明确从孩子的养成教育抓起，由于地处农村，每到阴雨天，校园及教室遍地是稀泥，严重影响校园形象，为此许校长提出"雨天两双鞋"的设想。一开始家长及部分教师都很不理解，但是随着设想付诸实施，效果立竿见影，渐渐得到社会及老师们的广泛认可，孩子们爱美、爱干净的习惯也由此渐渐养成。一好促百事，许校长又提出"三好要求"，即走好路、做好操、扫好地。经过全体师生的协同努力，界集中心校的养成教育已经成为全县一张亮丽的名片，也影响了全镇其他学校。一时间，界集镇的办学经验成了全县中小学的样板。此外，许校长还着手加强内部资料的归档管理。之前的界集中心校，年年都有堆积如山的资料，哪里用丢哪里，凌乱不堪。许校长提出，根据省级实小创建要求，把握契机，把近三年来的所有资料进行分类归档整理，装订成册，编号入柜，这一过程是辛苦的。当一本本资料有序地摆放到书架的那一刻，所有付出辛劳的人员，顿时感觉累但充实着、兴奋着。创建的过程让人辛苦，创建的成果让人欣喜，仅仅两年时间，校园面貌焕然一新。2001 年，当验收省级实验小学的专家组进驻学校的那一刻，大家那颗期盼已久的心就在静静地等待着。付出终于迎来回报，在2002 年的春天，我们等到了那激动人心的一刻，当看到省厅的红头文件赫然印着我们的校名时，许校长的眼睛里闪过一丝泪花，其中艰辛，只有许校长自己最懂（那时他已经被提拔到县实验小学做校长）。

"学习无止境"

我在界集中心校工作期间，有幸和许校长做邻居，那是我一生的幸运。刚走上工作岗位的我，虽然也有几分上进之心，但是贪玩的性格始终难以自控，下班之余，不是和同事打牌，就是约上几人喝酒，几回深夜归家，总看到许校长的房间亮着灯。开始我总是以为许校长是领导，工作事务多，在处理白天没有处理完的工作。渐渐地，我才发现，许校长不只是处理一些日常工作，更多的是在挑灯夜读，即使是在外应酬之后回家也不忘看书学习，这对我触动很大，让我这个生性贪玩的人甚是惭愧与敬佩。他就是这样凭借着自己的执着信念，一路远行，让我仰视。

许校长的教育思维是无界的。在他的教育理念里，"活动是师生共生共长的载体"。给我印象最深的有两次活动，一是"北京—江苏手拉手活动"。那是1993年的暑假，受北京市丰台区大灰厂小学的邀请，我们师生一行十人（四位老师，六名学生）踏上北上的列车，经过一夜的行程，师生虽然深感疲倦，但仍抑制不住内心的激动。接下来的一周，在大灰厂小学领导的精心组织与安排下，我们参观了天安门、人民大会堂、毛主席纪念馆、卢沟桥、颐和园、八达岭长城等，亲身体验了"行万里路，读万卷书"的内涵，几位孩子撰写的游记与感想陆续见报发表，为孩子们的远大理想点明了方向。当年的六个孩子中，如今有一个在英国剑桥大学读博士，其余全部入读了不错的大学。可见，作为教育工作者，有时候，不经意间组织的一次活动，可以为孩子的人生点亮一盏明灯。

另一个在我脑海里比较深刻的活动，就是1996年许校长组织的"雏鹰在洪泽湖畔起飞"远足活动。为锻炼孩子们吃苦耐劳的意志，领略自然风光，体验农村的风土人情，三至六年级全体学生，一千余人自带食物，从学校大门出发徒步至洪泽湖岸边，单程大约12公里。孩子们在徒步过程中，身心得到了陶冶，意志得到了锻炼，情操得到了升华，千余人的队伍，从出发到归程，无一人掉队，孩子们在行程中互帮互助，团结友爱，无一人随意乱丢垃圾，环保意识得到明显加强。其实这不就是今天新课改提倡的"综合实践活动"吗？时至今日，忆起过往的教育小事，我佩服许校长当时的教育理念及远见卓识，是他的教育思想，引领着无数的人在追求理想的道路上越飞越高。

机会永远属于有准备、有思想、不断追梦的人。

许校长——我终身学习的榜样，我敬佩的兄长！

第一章

教师专业发展『发展』什么

伴随着生命意义的觉醒

伴随着学校价值的发现

学校的航道荡漾着文化的涟漪

花开了，鸟鸣了

带来了缤纷的色彩

奏响了迷人的乐章

多美的学校世界

成群可爱的孩子

编织着无限的梦想

拓展了创造的空间

教师到底要"发展"什么

　　英国肯特大学教授弗兰克·富里迪说,当代知识分子面临着尴尬的窘境:平庸、琐碎、媚俗成为大众文化乃至知识分子自身挥之不去的阴影。一场对抗庸人主义的战争早该开始了。他大声疾呼:"知识分子都到哪里去了?"也许我们今天为了教师专业发展所做的一切努力,无论进步大小抑或成功失败,都是对抗庸人主义的行动。

　　说到教师专业发展,就想起黑格尔曾说过:"我们挂在嘴边的东西,常常是我们最无知的东西。""教师专业发展"是什么?如果真的让我们回答,很多人可能"欲辩已忘言"。这是一个众说纷纭的概念,至今没有一个被广泛认同的界定。教师专业发展到底是什么?要"发展"些什么?必须要弄清楚。从国内外已有的研究文献来看,主要有以下三种不同的理解角度。

　　第一,从社会学与教育学的角度进行界定。根据社会学的界定,专业化是指一个普通的职业群体在一定时间内取得符合专业标准、成为专门职业,并获得相应专业地位的过程。因此,教师专业化是指教师职业成为专门职业并获得应有的专业地位的过程。所关注的问题,有专业的历史发展、专业资格审定、专业组织、专业守则、专业自主等。通常用"教师专业化"这一概念来加以概括。另一种是教育学的立场,它认为在"关注教师社会、经济地位提高和争取资源与权力的分配"的同时,"着重于教师教学水平的提高、教师的专业知识和专业技能的提高",这被称为教师专业发展。

　　第二,从教师专业的发展和教师的专业发展的角度进行界定。教师专业的发展强调教师群体的、外在的、专业的提升,视教师职业为一种专门的职业;教师的专业发展则强调教师个体的、内在的、专业性的提高,关注教师如何形成自己的专业精神、知识和技能。

第三，从教师专业发展过程和促进教师专业成长的角度进行界定。一些学者认为，教师专业发展过程是指在教学职业生涯的每一个阶段，教师掌握良好的专业实践所必备的知识与技能的过程。持这种观点的学者认为，教师专业发展即教师专业成长过程。另一些学者则认为，教师专业发展是指促进教师专业成长的过程，这涉及教师专业成长过程中的影响因素、途径和方法。其主要关注特定的教学法和课程革新的实施，同时探究教师是如何学会教学的，他们是如何获得知识和专业成熟，以及他们如何长期保持对工作的投入等。在这些学者看来，教师专业发展实际上等同于教师教育。

教师专业发展指向教师专业素质结构。教师专业素质结构，实际上要回答的是教师专业发展应该"发展什么"的问题，即教师作为一个专业人士应当具备哪些专业素养。华东师范大学刘良华教授认为，对教师专业素质结构的认识与两个问题有关：第一，如何理解教师职业的专业特质。教师专业发展的提出，以"教师职业是一种专业"为前提，因此，教师专业素质结构必须体现教师职业的专业性质。第二，如何定位教师的专业角色。即作为一名专业人员充当着不同于其他职业的专业角色，专业角色不同，其相应的专业素质结构也不同。

1. 对教师职业的专业性质的认识

所谓"专业"，是指一群人在从事一种需要专门技术的职业，这种职业需要特殊的智力来培养和完成，其目的在于提供专门性的社会服务。教师职业的"专业"性质在教育界已经得到了认可，但在整个社会范围内，与医生、律师、会计等职业相比，它的"专业"认可度并不高。这就涉及一个基本问题：专业的基本特征是什么？很多人对这个问题做过回答。华东师范大学陈桂生教授在分析国外所揭示的各种专业特征的基础上做了如下的概括：

（1）专业活动依赖并包含一套普遍系统化的理论知识，它融专业服务、专业研究、专业学习于一体，属于脑力劳动或智力实践，从业人员需要接受长期的专门的智力培训。

（2）向社会提供某种具有一定独特性的公共服务。

（3）具有广泛的、高度的自主性，作为这种自主性的前提保证，它对从业人员的入职和解职标准严加控制，并且厉行一套对专业行为具有约束力的伦理规范。

用以上的标准来考察教师职业，可以得出以下六个结论：第一，教师是脑力劳动者；第二，从事教师工作需要进行相关的入职培训，但与医生相比，教师接受职业训练的时间不长；第三，在入职之前，教师要接受理论学习，但其从事的教学工作所依据的理论系统不稳固，教育理论与教育实践之间存在着巨大的鸿沟；第四，教师所从事的教育工作的社会功能得到了社会的肯定，对社会是不可或缺的，但不具有独特性、唯一性；第五，我国实行教师资格证书制度，且有一些相应的教师道德守则，但其约束力有待加强；第六，中小学教师的专业自主性较弱，受到外部的干预和监控较多。总之，教师职业是一门专业，但其专业程度有待加强。

2. 对教师专业素质结构的认识

从已有的研究成果来看，对教师专业发展"发展什么"问题的回答是既明确又模糊的。说它明确，是因为它最终总是指向专业精神和信念、专业知识、专业技能等方面的内容。说它模糊，是因为从已有的研究成果来看，这些指向所包含的内容是极其宽泛的。

专业精神和信念是研究者特别关注的问题，有学者在总结我国古代对教师的基本要求的基础之上，概括出六条传统的师德规范，即身正为范、诲人不倦、学而不厌、不隐其学、以严率众和安贫乐道。还有学者从教师专业训练的内容考虑，认为教师的专业精神和信念，包括专业意识、专业态度及个性品质等方面，所涉及的内容具体有：强烈的从业、敬业、乐业的动机；对待教育鞠躬尽瘁、甘为人梯；对待学生倾囊相授、诲人不倦；对待同事精诚合作、协同施教；对待自己严于律己、为人师表；具有从事教育工作所需要的个性品质，包括广泛的兴趣，能与学生打成一片，有丰富的情感和教育上的乐观精神，相信每个学生的能力，热爱学生，热爱教育工作，能客观公正地对待每一个学生，沉着、自制、耐心，对艰苦的教育工作具有坚韧不拔的意志，具有创新精神，善于接受新生事物、新观念。

在专业知识方面，现有的研究成果中所涉及的内容有：①任教学科的知识；②教学理念的知识；③学生与学习的知识；④教师组织与经营的知识；⑤教学的社会脉络、政治脉络、文化背景等知识；⑥特殊儿童的知识；⑦课程的知识；⑧评价的知识；⑨各学科特有的教学知识；⑩阅读与写作的知识；⑪有关数学教学的知识；⑫人际沟通、协调合作的知识；

⑬国际化与信息化的知识。

以上知识还不是全部，随着社会的发展、信息的不断丰富与更新，教师专业知识的要求还在不断地加深拓宽。例如随着人工智能时代的到来，学习方式会发生根本性变革，教师的眼界视野更加需要不断拓展。

在专业技能方面，二十世纪六七十年代，美国佛罗里达州教育部支持的一项关于教师能力的研究中，将教师专业能力概括为：量度与评价学生学习行为的能力，进行教学设计的能力，教学演示的能力，负担行政职责的能力，沟通能力，发展个人技巧、使学生自我发展的能力。佛戈培尔和波特认为，随着教师角色从"知识供应商"转化成学习活动的组织协调者，教学能力的新定义也由此而生。新定义所包括的教学能力划分为七项：判断能力、反应能力、评估能力、人际关系能力、课程开发能力、社会责任感能力和管理能力。1997 年，日本教育审议会的审议报告对教师能力提出若干要点：作为教育者的使命感、深刻理解学生的成长和发展、对于儿童的爱、关于学科的专业知识、广泛丰富的教养以及基于上述的教学能力、顺应种种教学方式的能力、适应个体差异的能力、从实践中学会教学的能力等。

教师专业结构的研究成果极为丰富，这为各类教师专业发展的研究提供依据，但纵观已有的研究成果，主要存在两个问题：从国外看，对教师专业素质结构的认识，所包含的那些百科全书式的知识和技术，缺乏作为一门专业的独特性，不能维持有别于其他专业的严密性。从国内来看，多从教师的素质要求或优秀教师所具备的标准来展开，而从教师作为一名专业人员的角度对教师的内在专业结构进行分析研究的却不多见。确立教师的专业结构，使之既能体现教师职业所必需的内容，又能反映这些专业的独特性，这是教师专业发展理论研究非常关注的问题。

综上，教师专业发展是一个复杂的系统工程，专业理论研究的空间很大。从我们教育实践者的视角看，我觉得应当研究的是教师专业素养，包括专业精神（情感）素养、专业知识素养、专业能力素养、专业技术素养（与信息化时代人工智能运用相适应），应当研判相关领域的素养标准，而非以优秀教师的水平来简单衡量。

教师专业发展是一个怎样的过程

　　教师专业发展是一个动态的过程。教师专业素质结构回答了教师专业发展"发展什么"的问题，这是教师专业发展的重要内涵之一。对教师专业发展来说，另一个重要内涵便是"发展过程"的问题。教师的专业发展过程是循序渐进的，不是一蹴而就的，在这个过程中，教师的专业素质结构不断趋于完善，而且不断打破平衡，建立起新的平衡。因此，不少学者从对发展规律性的认识入手，研究教师的发展过程，为研究和明晰教师专业发展的途径与方法提供依据。

一、教师发展过程是一个生物化发展过程

　　从生物化发展过程的观点来说，发展是指有机体本身的成熟及生物成熟的结果。因此，教师的专业发展过程，实质上是教师职业生命的自然"老化"过程。比较有代表性的是休伯曼所提出的教师职业生涯发展理论。休伯曼认为，根据职业生命的"老化"过程，教师的专业发展过程分为五个阶段：

　　第一个阶段，任教 1~3 年，被称为入职期。处于这一时期的教师一方面因为缺少基本的教学经验，对教育教学无所适从，对未来的教师职业生涯缺少信心；另一方面，也有了属于自己的教学对象、教学方案和已经逐渐被同行或专业协会所接受而表现出来的热情而积极的工作态度。

　　第二个阶段，任教 4~6 年，被称为稳定期。处于这一时期的教师逐渐适应和掌握了学校常规，并逐步形成了自己的教学风格；对教师职业具有一定的自信心，对所承担的专业责任有了相当的了解。

　　第三个阶段，任教 7~18 年，被称为歧变期。处于这一时期的教师在

积累了相当的专业经验之后试图对现有状态有所改变，这种改变可能会有两种截然不同的方向，或不断改进自己，更胜任教师职业，或因为对教师职业的疑虑加重，而可能选择离开。

第四个阶段，任教 19～30 年，被称为保守期。处于这个时期的教师由于对教师工作越来越轻车熟路，使得专业热情不断消退，或依靠资历安逸地从事教学工作，或远离、抵制教学变革。

第五个阶段，任教 31～40 年，被称为准备退休期。处于这一时期的教师，因为年龄原因而面临专业生涯的结束，对他们来说任何改变都不太现实，在平静或者失落悲伤中等待职业生涯的结束。

在这个发展过程中，教师表现出多种变化。在教育教学方面，从对教育教学中的问题无所适从—适应教育教学常规—形成稳定的教育教学风格—寻求教育教学上的改变—对教育教学充满自信而失去了改变的热情—平静等待。

在职业认识和态度方面经历着这样逻辑：从失落或充满热情—服从于职业的要求或投身于自己所选择的专业—对职业产生疑虑和力图使自己的职业生活不断改善—不断趋于对现状的满足—对职业感到失落悲伤或从容平静。

二、教师发展过程是一个心理化发展过程

在心理化发展过程观念看来，发展是心理结构改变的结果，人的心理发展过程随着人的年龄、认识能力、智力发展的变化与提高而相应发生变化。因此，教师的专业发展过程和教师的心理发展水平是密切相关的。持这一观点的代表人物是利斯伍德，他以人的心理发展水平为依据，提出教师专业发展具有四个阶段。

第一个阶段为单纯时期。处于这一时期的教师对任何事物判断均有非黑即白的倾向，表现在专业上，把权威当做行为的最高准则，以顺从为主，较多机械学习，反对求异思维。

第二个阶段为墨守成规时期。处于这一时期的教师特别容易接受他人的安排。表现在专业上依循传统课堂的特征、教学规则行事。无论学生之间有什么差异或有什么特殊情况，都严格按规则办事。

第三个阶段为尽心尽职时期。处于这一时期的教师已经将规则内化，

更多的是凭良心完成自己的职责，表现在专业上具有较强的自我意识，能够认识到依具体情况灵活掌握规则的必要性，比较关注学生的未来和成绩，特别注重建立良好的人际关系。

第四个阶段为独立阶段。处于这一时期的教师较有主见，对规则的运用更加灵活、明智。在专业表现上最突出的一点是能够较好地协调发展学生未来、提高学生成绩和建立良好人际关系之间的关系，在课堂上既关注师生之间的互动，又强调学生有意义的学习，鼓励学生有相应的表现。

在这四个阶段中，教师经历了从"散失自我"到"强化自我"的变化过程：过分迷信专业权威—忠实地遵守规则—能根据实际情况对自己的规则做自我协调—形成自己独立的见解与行为方式。

三、教师发展过程中的社会化发展过程

在社会化发展过程的观点看来，发展是指个人参与社会活动或者社会环境对人产生影响的结果，因此考察教师专业发展，着重关注的是教师参与各类教育教学活动，教师个人与学校环境所产生的相互作用等内容。学者王秋绒根据社会化发展过程的理论，将教师专业发展分为三个阶段，每个阶段又分为三个发展时期。

第一个阶段为师范生的专业社会化发展阶段，主要针对系统接受师范教育的师范生。这一阶段的三个时期分别为探索适应期、稳定成长期和成熟发展期。一年级师范生处于探索适应期，他们刚刚接受专业教育，处于观望、探索和适应阶段。社会化的关键是学习如何增进人际关系，适应师范院校的环境，如何打好专业知识的基础。二年级和三年级师范生处于稳定成长期，他们与同学、教师等社会关系处于较稳定的发展状态，能表现恰当的社会角色。社会化的重点是通过专业课程学习教育专业知识、专门学科知识，同时通过各种活动提高处理人际关系和组织领导的能力。四年级师范生处于成熟发展期，他们拥有了一定的专业知识和技能，社会化的重点在于如何将已有的教学知识与技能应用于教学实践，通常教学实习是主要途径。

第二个阶段为实习教师的专业社会化发展阶段，主要针对处于实习期间的教师。这一阶段的三个时期分别为蜜月期、危机期和动荡期。蜜月期的实习教师对教育教学工作抱有一定的期待，对未来的发展充满信心，能

体会到做教师的快乐，愿意全身心投入教学工作。危机期的实习教师会突然发现实践中遇到的问题越来越多，并且觉得自己所拥有的知识和技能无法解决这些问题，当面临的现实压力越来越大时，他们会产生危机感。动荡期的实习教师经历了危机期之后，面对现实与自己期待之间的差距，或重新调整自我期待或寻求生存之道，或趋于妥协，或准备脱离教学岗位。

第三个阶段为合格教师的专业社会化发展阶段，主要针对实习期满的教师。这一阶段的三个时期分别为新生期、平淡期和厌倦期。新生期是指三年教龄以内的教师，通过实习期他们处理教学问题的能力加强了，对教学工作有了胜任感和成就感，教师社会化的重点是进一步提高教师的专业知识和技能，有效处理学生的种种问题，强化工作的成就感。平淡期是指工作三年之后的教师，他们基本适应了教学工作的要求，有比较稳定的人际关系，对他们来说工作不再富有挑战性，一切都显得轻车熟路，从而感到学校生活越来越平淡。社会化的重点是引导教师主动寻求新知识，发挥创造性和服务精神。厌倦期是指工作多年之后的教师，他们中的一部分人会乐于为教育奉献一生，而多数人则对教学产生厌倦，失去教学动力。社会化的重点是要引发教师的内在发展动力，让教师体验到更多的成功。

在这样的专业发展过程中，教师从不熟悉环境到熟悉环境，从对人际关系茫然失措到具有比较稳定的关系网络，从对所学的知识与技能充满自信到逐渐认识到不足并加以改变，从对教师职业有所期待、感到好奇到慢慢趋于平淡甚至产生厌倦感。

四、教师发展过程是动态发展过程

对"发展"认识的不同，形成了教师专业发展的不同发展阶段的假设。但是，它们之间也有共同点，具体表现在：

一是认为教师专业发展是一个渐进的过程。即教师专业发展是逐步实现的，在这样的发展过程中，时间为教师专业发展提供了一个基础，但它既不是一个促进发展的必然因素，也不是一个固定的无法改变的自变量，这也就是说，不是随着时间的变化，教师专业发展就必然会实现。但随着从事专业活动的时间不断延长，教师专业发展的可能性会不断增强。

二是认为教师专业发展是一个不断变化的过程。每一个发展阶段教师都有可能产生某种变化，通过这种变化，人们可以对教师专业发展水平做出判断。这些理论对发展过程中教师变化的考查主要集中在教师对职业和教学的认知、专业行为方式、与专业活动环境所形成的关系上，并且这些变化并不是孤立、彼此没有联系的，而是相互影响的。即：

教师专业发展 =f（认知，行为方式，环境）

三是认为在教师专业发展阶段中并不是所有的变化都是积极的，这就说明，一个连续发展的统一体，走向并不一定是"正向"的，也可能是"负向"的。从实现教师专业发展的角度来说，这种走向应当是不断朝正向递进，处于上升状态的。但这些理论基本上都没有直接或者明确回答在教学发展过程中，如何才能保证教师产生某些（期望出现的）变化或避免某些（不希望出现的）变化，而这恰恰是促进或实现教师专业发展所必须回答的问题。

这些理论阐释固然为我们认识教师专业发展提供了依据，但是实践经验告诉我，不管怎样理解教师的专业发展，我们都要知道：教师专业发展的根本目的是实现不断的"自我否定"，是发现"更好的自己"。教师是一个反思性的实践者，具有反思追问的智慧与习惯，具有刀刀向内、自我解剖的精神，这是专业人士的基本品性。

作为学校领导者，对教师的专业发展则是要因人（群体）而异，不断加强沟通、观察，积极协调关系，并对其充满着较高的期待。正如美国前总统奥巴马在 2013 年美国年度教师颁奖会议上所说："一名教师的最大成就就是让学生认识到自己有无限的潜能。"

教师专业发展路在脚下

讨论教师专业素质结构的内涵，更需要讨论教师专业发展的途径和方式。讨论促进或实现教师专业发展的途径与方式，是教师专业发展内涵的重要组成部分。有学者基于对教师专业发展本质的不同认识，将教师专业发展的途径与方式归为三类，即"理智取向"的教师专业发展、"实践—反思取向"的教师专业发展、"生态取向"的教师专业发展。

一、理智取向

这一取向的基本观点是：知识基础对于教学专业是非常重要的。医学专业和法律专业拥有今天的社会地位和社会权利，得益于知识和技能。教师欲进行有效的教学，一是自己要拥有"内容"（知识、技能、价值观等）；二是要具有帮助学生获得这些内容的知识和技能，即教育知识。这两类知识是教学专业最为基本的知识。霍姆斯小组发表的《明日之教师》和卡内基教学专业专项小组发表的《准备就绪的国家：21世纪的教师》报告，都着重讨论了教师专业和教师教育问题，且明确表达了一个共同的观点：要确保教育质量，必须提高教师的专业水准。霍姆斯小组的报告，更进一步指出提高教师专业水平的重点就是要明确教师专业的知识基础，使教师教育拥有更为坚实的理智基础。在教师专业发展的理智取向看来，教师专业发展的重点是专业知识获得和行为变化。教师获得的专业知识基础是教师行为变化的基础，教师通过全面掌握和仔细应用，便能将其转化成良好的实践，而掌握了有关理论的教师，如果能用理论来推动自己的实践工作，知识就会对行为的变化起到刺激的作用。

基于这种取向，教师专业发展的途径主要是通过正规的培训方式，职前的或是在职的，或者向专家、学者或书本学习某一学科知识和教育知识。根据教师专业发展的理智取向，教师专业发展就是要为教师提供最基本的专业知识基础，通过"传授"的方式，让教师"获得"。这种教师专业发展方法虽然受到质疑，但在我国至今仍然被广泛运用。

二、实践—反思取向

这种取向的基本前提是新知识的传递不是大学或研究机构的"专利"。教师不只是储存他人观念的"容器"，教师的工作不仅仅是把在大学学到的理论应用于学校实践。除外部给予教师的理论知识外，还存在着内隐于教师实践之中的"行动中的知识"，并且这种内隐于教师实践中的知识更能为所有教师的教学改良做出贡献。

实践—反思取向认为，教师对于影响其专业活动的支持、理解或信念，不是通过培训和外面专家获得，而主要依赖于教师个人或合作的探究和发现；认为应当关注实践，强调实践本身所包含的丰富内涵，关心"教师实际知道些什么"，并在此基础之上提出专业发展设想；认为教师专业发展的目的并不在于外在的、技术性知识的获取，而在于通过这种或那种形式促使教师对于自己、自己的专业活动乃至相关的物和事有更深入的理解，发现其中的意义，以促成所谓"反思性实践"。

在实践—反思取向看来，教师专业发展的重点是教师行为的改变，但教师行为的情境是复杂的、不确定的、不稳定的、独特的、有价值冲突的。这个情境并不一定在书中，也不在培训课程里，因此不能指望教师用事先储存在头脑中的知识去解决行动中的问题。教师必须在自己的行动中，用自己设计的情境化策略去尝试解决它。教师专业发展不是一种"先知识后行动"或"先理论后实践"的过程，而是循环互动的过程。

基于这种取向，教师专业发展的方式有：通过诸如写日志、传记、构想、文献分析等方式单独进行反思，或通过讲故事、信件交流、教师相互交流、参与观察等方式与人合作进行反思；以"合作的自传"的方式，即由一组教师一起围绕目前工作的背景、当前正使用的课程、所掌握和信奉的教育理论、过去的个人和专业生活等主题，写出自我描述性文字，然后进行批判性的评论。通过这些方式加强教师对自身实践的认识，并在此基础之上提升教育实践。教师专业发展的实践—反思取向，在我国已经被越来越多的人认可，不少中小学也开始了这方面的探索并取得了一定的成果。关于这一点，康德的解说最具代表性。他认为，人一方面属于现象界，具有感性，受制于自然法则，追求快乐（幸福）；另一方面，又属于本体界，具有理性，能够为自己建立道德法则，"人的尊严就在于这个能够作为普遍率的立法者的资格"，它证明人是自由的。正是在人的尊严的基础之上，他进一步提出：人是目的，永远不可把人用做手段。我一直认为，反思对于教师是重要的，在教师专业发展中促进教师反思，就是引导教师把自己当做"精神存在"加以尊重，实现自己的个性与人生价值。这恰恰是我们当前最为缺乏的。

【典案例证】

有这样的一个例子足可以证明我的认识。我的同事、物理学科组张世成老师的"证据物理"研究实践，便是个代表性案例。

"证据物理"的前世今生

一、"证据物理"的诞生

"学校主动发展实践中教师教学惯习转变的实践研究"是许昌良校长领衔研究的江苏省教育科学"十一五"重点资助课题，也是通过实践来提升教师教学研究能力的学校整体工程，其指向就是要唤醒教师自我反思，与自身的惯习——倾向系统保持一定的审视距离，从而发挥好的惯习并改变不良惯习。

带着这样的视角，学科组在研修过程中，发现存在着一类"惯习"：老师不顾学科特色，压缩实验时间换得做题时间，学生动手做实验的机会减少，用电脑动画代替实验，甚至用实验题目代替实验，学生感受不到科学的真实；或者探究的形式有了，但提出问题缺乏生活情景、提出猜想或者排除猜想都不讲依据、设计实验没有发展过程、数据处理迎合正确结论、交流评价往往是猜测老师立场（确切地说，是老师迫不及待地表明了自己的立场），然后"以势压人"，目标就是一个——快速传递正确的结论。

证据物理，是指在探究教学中"高度重视证据、全面依靠证据、合理解释证据"，确切来说，就是在科学探究的每一步如提出问题、猜想假设、设计实验、收集数据、评价交流等环节都重视证据的表达，即对于合作中的师生，老师除了要知道学生在每一个环节中的具体主张外，还应当要求学生说出支持这些主张的证据，以期建构一种"提问有依猜想有据，设计有方改进有法，评价有思交流有想"的理性课堂。

"证据"不仅是探究教学的"根"，而且是我们研修中的最核心元素。它包含合作中的证据、探究中的证据、成长中的证据，因为这些确凿的证据，可以让研修伙伴逐渐实现专业认同，找到成长的底气和修炼的方向。"证据物理"当仁不让地成为我们合作的灵魂，成为我们持续改变惯习的修炼主张。

二、"证据物理"的研究路径

第一阶段：运用课堂观察，让"证据"成为合作研修的根基。

"扎根课堂，仰望天空"是我们工作室的室训，理所当然，课堂就是我们研修的主要阵地。我们需要一种工具，既能确凿可信地剖析课堂，又能提升实践品性，于是我们选择了课堂观察。

通常，我们从四个视角（目标的制订与达成、评价信息的收集与利用、教师的提问、学生实验操作的错误与纠正）来收集一堂课的细节，并在这些证据的基础之上得出合理的推论，这些推论就是课堂观察的产物。这让我们在听评课的时候更注重证据，有据可依，有理可析。通过对课堂观察量表中数据的剖析让我们将学与教的脉络清晰化，通过学生的"学"来审视老师的"教"进而改进老师的教，这就是我们选择课堂观察想要达到的目的。

第二阶段：确定研究课题，让"证据意识"成为研究的焦点。

经过对第一阶段课堂观察所发现问题的归纳总结，我们确定了工作室研究的主要方向：探究教学中证据意识培养的实践研究。我们希望通过证据意识的培养，达成"师生在探究教学中对证据作用和价值的一种觉醒和知晓的心理状态，师生在探究教学中重视证据并自觉运用证据的心理觉悟"，其表现在"善于亲手做实验，并在实验中寻求证据、分析证据、表达证据的一种科学理性"以及"在探究中的每一步即提出问题、

猜想假设、实验设计、数据处理以及交流评价中都习惯于用基于证据的
方式来思考、对话的科学态度"（见图1）。

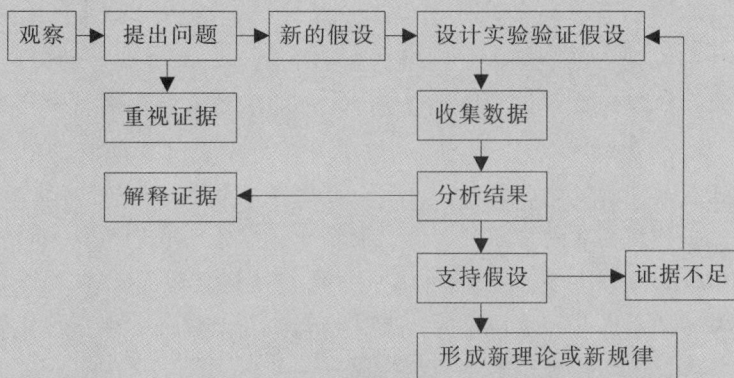

图1 基于证据支撑的科学研究

具体探索中，一方面我们将课题分成以探究要素为线索的子课题，
总结培养的策略。经过对近30堂课的观察，我们收集了200多个案例，
总结出如何培养证据意识的一系列有效措施。另一方面，我们探索一种
"基于证据意识培养的学与教的设计"。我们不但要培养学生的证据意
识，而且尽可能地去判断培养得怎么样以及如何进一步改进教学，这是
让我们喜出望外的"第二利润"（见图2）。

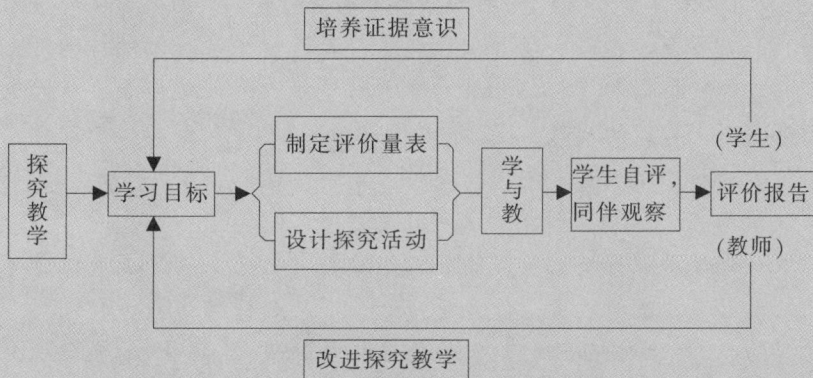

图2 基于证据意识培养的"学与教"的设计

第三阶段：亮明研修主张，让"证据物理"成为持久的追求。

一个好的工作室应当拥有响亮的教学主张，不只是"叫得响"，更重要的是实践中"做得响"的主张可成为学科组在教学实践中共同的追求，成为一种实践品性。相反，一个没有教学主张的学科组，终归是肤浅的。正如乔治·奈勒所说："教师应当追溯各种教育问题的哲学根源，从而以比较广阔的眼界来看待这些问题。那些不能用哲学去思考问题的教育工作者必然是肤浅的。一个肤浅的教育工作者，可能是好的教育工作者，也可能是坏的教育工作者——但是好也好得有限，而坏则每况愈下。"

透过工作室发展的这几年，同事们发现证据既是我们所教学科特有的一种烙印，也是我们教学的一种追求。我们的课堂观察是基于证据开展的；我们的探究也是始于证据的，更多的是过上一种基于证据意识的课堂生活。据此，我们提出了基于"证据物理"的探究观、课堂观和质量观。

三、"证据物理"的成果与展望

基于惯习转变的研究是一种专业自觉的唤醒，这种自觉研究所带来最大的成果就是老师的课堂发生了明显的变化。有的老师善于追问，有的老师善于做实验，有的老师善于开展丰富的实践活动，一边研究一边运用，大大提升了教师的实践品性。

如今，"证据物理"在社会上已经产生了积极的影响。仅以2013年为例，工作室发表相关论文14篇，论文获奖8篇，赛课（包括录像课）获奖8次。《基于证据意识培养的学与教的设计》《数据处理中证据意识的培养》都发表在核心刊物并被人大复印资料《中学物理教与学》全文转摘。工作室撰写的《证据物理》《学生学习内容疑难解析》《课改背景下新型课堂构建的实践研究》等相继出版，中国教育学会物理教学委员会授予《证据物理》"全国物理科学方法研究"成果一等奖，工作室导师被授予"全国物理科学方法研究先进个人"。

教育哲学是一种反思追问的智慧。没有对自己从事的教育工作寻根究底的反思，没有对教育是什么、为什么、怎么样的追问，我们对于教育的目的、价值和方法论的认识就很可能是肤浅的，我们的教学观就可能阻碍师生的发展，行动起来不是短视就是盲目，不是瞻前顾后就是跟风媚俗，教育就只会是驯化人而不是教化人，是压迫人而不是解放人。

从这个意义上来讲，"证据物理"所包含的教学观是可以养护师生的共同发展的，反过来又可以促进教学主张的形成和深化。"证据物理"就是支撑我们长期提升实践品性的动力系统，是教师实现发展的"哲学引擎"，它既是一种教学主张，又是一种实践品性，事实证明它已经并终将继续提升教师将教育理想变为现实的能力。

1. 选题的形成

在学校惯习课题的研究中，反思自己的教学行为。实验教学中因为教师对实验价值的认识不到位，语言、情境、实验设计及学生"前经验"不足等多种原因导致许多实验都是浅尝辄止，浮光掠影，既没有"成全"学生，也没有发展教师。对于实验教学的思考几十年基本没变过，教师"放实验""画实验""讲实验"，学生"背实验"的现象普遍存在。根据学生调查问卷分析，区内好几所学校都是如此，凤翔实验学校的实验算是多的了。我们在教学中，不应该服从于惯性，应该有自己的思考，如何通过实验学习化学，如何通过实验提升学科素养。所以我提出"深度实验"这个课题。

2. 准备如何做

全面梳理教材中的实验，尤其是经典实验。要知道其蕴含的科学方法、发展历程以及该实验的改进文献，相当于了解每一个实验的发展史。在深度了解这个实验的过程中，老师会理解其背后的方法、思想。我们将寻找每一个实验的关键步子在哪里，深度理解实验所蕴含的价值，然后思考如何让学生重新走好这些关键的步子，从而做出最有针对性的教学设计。最后通过让学生深度体验这一实验，深度理解实验教学的价值，凸显实验本身的功能与内涵。

我还想进一步厘清"教"与"学"的关系。深度实验对于"教学相长"可能有两种理解：一是"教"的主体是教师，"学"的主体也是教师，也就是说，教师的教学过程是自身专业化成长的过程，因为深度理解，深刻思考必定促使教师发展。二是"教"的主体是教师，"学"的主体是学生，也就是教师的"教"和学生的"学"两方面相互影响，相互促进，共同得到提高。教师在教的过程中，不但关注了教，更关注到了学生的学，而学生在体验过程中掌握了化学知识，获得科学研究的方法，感悟到了蕴藏的科学思想，培养了思维能力，全面提升其核心素养，从而促进人的发展。最终，师生都得到了成长。

三、生态取向

该取向认为，教师在实际的教学过程中，教学风格个人化，教师在实践中亦多处于孤立的状态之中，但就教师专业发展而言，教师发展其专业知识与能力并不完全依靠自己，而会向他人（如同事或校外的专家）学到许多；教师并非孤立地形成和改进教学策略与风格，这种策略与风格的形成和改进，更大程度上依赖于"教学文化"和"教师文化"，而教学文化为教师的工作提供了意义、支持和身份认同。该取向用文化、社群、合作、背景等关键术语取代了知识、实践或反思。生态取向的教师专业发展，认为最理想的方式是一种合作的发展方式，即由小组教师相互间合作，确定自己的发展方式。但这种方式的主要着力点不是学习某些学科知识和教育知识，也不是个别教师所谓的"反思"，而是建构一种合作的教师文化。在我国，教师文化在学校中是客观存在的，但形成一种真正意义上的合作的教师文化，并通过这种文化来实现教师专业发展确实还有待研究。

四、对教师专业成长途径与方式的认识

基于对教师专业发展内涵的不同理解而提出的实现教师专业发展的三种取向，也为教师专业发展提供了三种途径与方式。关于"理智取向"，其内容是"教师个体知识的获得与技能的提高"，主要通过培养和培训的方式来实现；关于"实践—反思取向"，其内容主要是"教师个体实践行为的改进"，其途径与方式就是个人或合作的探究和反思；关于"生态取向"，其内容是"教师群体的互相学习与改进"，其途径方式就是构建合作的教师文化和教学文化。在具体的学校情境中，很难绝对地说哪一种行为模式对教师专业发展有价值或者无价值，它们对教师专业发展都有一定的借鉴意义和价值。根据以上的观点分析，我认为，所谓教师专业发展是政府、学校或教师自身通过各种途径和方法，促使教师在知识、技能、情感、自身反思与改进等专业素养方面不断发展的过程。

校本管理促进教师专业发展

　　教师专业发展在学校治理系统中不是孤立的,与学校治理密切相关。教师专业发展的实质是通过不同的途径和方法来促进教师专业素养的提高,而这种提高体现并转化在其所从事的日常专业活动之中。因此,对教师专业发展的研究包括两个基本内容,一是专业素质的构成,二是专业素质的提高以及在实践中的运用。

　　前文已经研讨过教师专业发展中的"素质构成"问题,此处将进一步研讨教师专业素质提高的路径问题。其实,教师无论通过哪种途径促进或者实现专业发展,有一点可以确定,就是教师专业素质的真正提高是一种自我的、内在的、个体的意愿。一切外在推动力的结果如何,最终都要在教师身上得到验证:教师的专业素质是否提高了?提高了多少?还有哪些方面有待提高?在日常专业活动中体现了没有?关于教师专业发展的理论与实践取向都是据此提出的。

　　但是学校管理则不同,作为一种以组织学校教育工作为主要对象的社会活动,它通过建立一定的组织与制度,采用一定的手段与措施,利用校内外的各种资源来实现既定的学校目标。它是一种外在的行政性的活动,更着重于对管理对象的外在性推动,它表达了管理者应该做什么、应该怎样做才是最好的,希望被管理者应当怎样做,要达到怎样的理想状态,但对被管理者在这个过程中变化发展的内容及程度的论证较少。事实上,在学校管理变革的过程当中,教师的可持续发展思想已经对学校管理理论与实践提出了挑战,并在某种程度上促成了学校管理的变革。

　　从学校管理的角度来说,促进教师专业发展,必须对既定的学校管理思想与策略加以变革,使之更适应教师的专业发展。从实践角度来看,这种变革主要表现在以下四方面:①在促进教师专业发展中,学校管理如何在延续其行政性职能的同时，拓展并强化其在专业领导上的功能，这涉及在学校管理中如何以专业为中心，而不是以科层为中心来实施领导的问题。②如何将学校管理的目的由调动教师外在的行为积极性，转向教师专业素质的提高与在实践中的运用。③在学校管理中校长与教师的关系，首先是管理者与被管理者的关系；在促进教师专业发展的过程当中，校长和教师的关系更多的是一种专业领导和被领导的关系。④如何将通过学校管理这种外在推动力内化为教师自身的、内在的发展意识和动力，使管理者不仅关注行动方案实施过程及其结果，而且关注这一过程中教师的变化及发展。

以上所有的变革都围绕着校本管理思想进行，即：①立足于学校，以学校为基础；②学校拥有管理决策权，强化教师共同参与和共同发展；③以提高学校教育质量和办学效益为目标。

在学校管理促进教师专业发展的路径上面应该有三个方面：

第一，形成共同的价值观念体系。教师专业发展涉及对一系列基本问题的认识，如教育、教师、学生、知识、技能、教学、课程、发展等。事实上，教师专业发展之所以有不同取向，与人们对这些问题的认识不同有很大关系，而对这些问题的认识，实际上反映了学校的办学价值观。从价值观的角度来看，教师专业发展只有得到教师心理支持，教师才可能自觉接受学校关于教师专业发展的要求和规范，才能将其转化为自身的一种自觉行为。因此，学校管理所要解决的问题是：如何通过必要的管理手段使全体教师接受、认同学校所确立的关于教师专业发展和教师专业素质结构的基本思想，并内化为自身的一种观念与需求；同时使这样一种共同的观念和认识对教师的行为倾向产生选择与影响力，使学校对教师专业发展有一种共同认识并转化为客观现实。

第二，通过制度规范改变教师行为。任何一个组织所制定的规章制度都体现了其所追求的价值观，学校也不例外。学校制度的设定与变化都是学校办学价值观的体现，即期望通过制度达到什么、实现什么。因此，从学校管理角度促进教师专业发展，制度是一个将理想转化为现实的途径。如何将教师专业素质要求通过一系列制度加以体现，如何通过制度规范与改变教师的专业行为，如何在对行动反思的基础上，进一步加深对教师专业发展思想的认识，将教师专业素质要求内化为自身发展的需求与目标，从而形成一种自觉的行为。

第三，形成促使教师自我发展的习俗。教师专业发展是一个渐进的过程，是一个潜移默化的过程。在这样的过程当中，学校成员的行为方式、处事方式、工作态度、情感表达、思维方式、个人爱好等，以一种最深刻的、极微妙的、不可抗拒的方式影响着教师，这些方面构成了学校的习俗。如果说价值观和制度更多的是表达一种对理想状态的追求，体现了一种"应然"的倾向，而习俗只能表达了一种客观现实、一种事实存在，体现了一种市场的需求。所以，学校管理要解决的问题是利用现有习俗的力量促成教师专业发展，这其中的重点是如何围绕教师专业发展思想调适与利用现有习俗、如何创建新的习俗，以及如何对教师的专业产生影响。制度、习俗和价值观之间是一个由三个同心圆构成的整体。最里层的核心是价值观，它表达了主体对客观的认识态度，以及由此导致的行为倾向与选择，它属于精神思想层次，体现了一种思想上的引导，而价值观又必须通过某种载体才得以实现，它决定了制度与习俗的取向。中层是制度，它是价值观的体现，是价值观的有形化与具体化，同时通过制度的强制，价值观才能得以实现。最外层是习俗，它既是一种价值观的体现，也是一种内在的无形制度。价值观通过制度的强制手段可以得到实现，但其实现的程度如何、价值观的真实状态如何，便可通过习俗来观照，习俗是考察和"映照"价值观真实状态的"镜子"。与正式制度相比，它是人们的一种存在方式与生活模式。因此，它自然地存在、弥漫、渗透在人们的日常生活当中，如生活方式、思维方式、情感表达、行为习惯等。可以说它无处不在，但人们常常又对它熟视无睹。

因此，通过制度建设促进学校专业发展，三个方面都不能忽视。制度建设是重要组织保证，文化习俗的营造是精神力量，尔后形成价值观是目的，也是根本动力。校本培训中要把三者有机地结合，同时发挥作用，才能真正促进教师的专业发展。

我之所以强调教师专业发展的校本管理，是因为当今缺乏"自明性教师"。而校本管理也并非强制教师发展，恰恰相反，是唤醒、鼓舞与服务教师，激发教师发展的"自明性"。对此，北美教育哲学协会主席克里夫·贝克在《优化学校教育——一种价值的观点》一书的中文版序言中说："我想再一次强调教师成长的各种因素——文化程度、政治经验，在尊重学生的基础上与学生交往以及社会、道德和精神方面的特征——不可能被强制形成。要激励老师向着这方面努力，但绝不是出于恐惧或愧疚，而是出于一种为学生、为自己和为其他社会成员建设一种更美好的生活的积极渴望。他们在很大程度上必须'自然而然'地发生。但是只有在学校和社会的改革使他们成为人类力所能及的,确实成为公认的日常生活的一部分的条件下,它们才能成为我们能够对教师抱有的期望。"

第二章

风物长宜放眼量

世界总是在变

捉不到那无常的影子

不断有人超越了我

我未能安宁

容不得左顾右盼

循着影子出发

青春的烈火不能冷却

我究竟何时消停

这个影子

也许是被不断追问的自己

上了第一届研究生课程班

20世纪90年代中期，我在偏远的农村学校工作。有一天，江苏省教育厅领导到学校检查工作。在校园里边走他边问我："你是怎样理解素质教育的？"我回答了大半天，不知所云，自己都感到很不满意。他笑了笑，说"这个农村校长素质不错"。我当时就想，看来这只是"农村校长"的水平。其实在当时，随着自己教龄的不断增长，觉得自己对很多教育问题的理解都很浅薄，对自己的教育认识越发不满意。

怎样才能提高自己的教育研究水平和理论素养呢？当然可以通过读很多的书来实现，但如果能够有一个学习平台，有一种机制约束自己那就更好。后来我经过多方打听，知道江苏教育学院和南京师范大学教育科学学院准备在1995年的春天举办第一届研究生课程班。我听到这个消息之后，喜出望外，于是就来到南京找到了当时江苏教育学院教育干部培训中心主任王铁军教授，表达了自己想继续学习的愿望。王主任是国内教育管理界的泰斗式人物，颇具老一代学者的风范，非常关心年轻人，经常竭力提携后生。他告诉我可以来，但要准备好复习，好好面试，还是要选拔的。于是，我认真复习，把教育学、心理学的一些基础知识扎扎实实地复习了一遍。

1995年4月，我终于通过了考试，获得了参加研究生班学习的资格。这一届研究生班的同学大多水平很高，许多已经是特级教师了，还有的是某些市的教育局长，有的是县区的教育局长。像全国闻名的翔宇集团的卢志文校长，海门教育局长许新海博士等，他们不仅有教育情怀，而且教育实践水平都相当了得。为我们上课的老师均是南京师范大学的教授，是全国高等师范各个学科专业的领军人才，水平都相当高，像朱小蔓教授、吴康宁教授、吴也显教授、刁培萼教授、班华教授、王铁军教授、程振响教授等。课程也是精心设置的，有教育哲学、教育心理学、教育管理学、教育社会学、教育统计学、教育测量学、教育生态学，还有国际教育前沿的理论与动态等。以王铁军教授为首的管理团队，治学严谨，学习管理非常严格，请假须经过单位开具准假条，销假后还必须凑教授空闲的时间补课，常常是利用晚上的课。赵志毅教授是我的班主任，要求十分严格，严苛得几乎不近人情。我记得当时我家中有事须请假，回校后王铁军教授、赵志毅教授、阮成发教授为我一个人补课，令我十分感动，终生难忘。我多年利用零碎时间在办公室学习的习惯就是受王铁军教授影响的。

可以说，那两年的学习可能比现在的全日制硕士研究生的课程质量都高得多。虽然是研究生课程班，没有文凭，拿到的只是一本结业证书，但那时候已觉得很值得。我结业论文写得非常认真，也有正规的答辩环节。那两年最大的收获是比较系统地学习了教育理论，奠定了我的教育理论基础。比方说如何撰写论文，如何做科研课题，如何用教育哲学的观点来看待教育问题，都是在那个时候打下的基础，这些知识改变了我的思维方式。两年的研究生班的课程学习，让我结识了江苏教育界的不少精英，也让我领略了国内一流专家和大师们的风采，更重要的是促使了我形成教育科研方法的意识，可以这样说，那两年研究生班的学习给了我"教育的胚胎"。

哲学家叔本华说过："用宇宙的眼光看，个人和人类的生存都是永恒生成中稍纵即逝的现象，没有任何意义，但是，站在'此在'即活生生个人的立场上，我们理应拒绝做永恒生存的玩具，为个人和人类的生存寻找一种意义。"人只有学会更新自己，才能不断突破"此在"，寻找到生存的意义。

发誓要做特级教师

 我在农村学校工作了 14 年，那时候农村学校条件比较差，信息也较闭塞。但是我对农村学校的感情很深，农村教师勤劳善良、质朴淳厚、吃苦耐劳，从不计较得失，这些都成为我后来能够更好地工作的"基因"。如今，我的脑海中常常会浮现出当年在农村学校工作的情景，一方面对农村文化落后以及学校的条件差深表惋惜，另一方面期待农村学校能够得到国家更多的重视和关怀，因为中国教育的希望不仅在城市，也在农村。没有农村教育的现代化，就没有国家教育的现代化。

 在 1999 年上半年之前，我一直在农村工作。那个时候我已经成了全县农村学校唯一一个拥有副高职称的老师，后来我就想：我在专业上应该怎样继续往下走呢？当时我是乡镇的教育助理，并且已经成为全县当时的三个名校长之一，是全县的"十佳青年"，乡镇教育管理的负担已经很重了，但这些荣誉与重负并没有让我放慢专业发展的脚步，相反，激励着我去追求更高的目标。当时我有两个梦想：一是让学校评上"江苏省模范学校"，要把农村学校办成全县乃至全市的一面旗帜；二是自己要成为精英式教师。当时我们县已经有三位老师被评为"江苏省特级教师"了，我就想："我为什么不能成为特级教师呢？难道农村就不能有特级教师吗？"农村学校的设施条件是差一些，但是农村学校的教师脑子不笨，我完全可以通过努力成为特级教师。有一次参加学校教研活动，有个教师的发言让我很恼火，事情是这样的：学校委派几个教师到县城参加教研活动，回来照例汇报学习体会，那个教师非但没有谈学习的收获，反而抱怨我们的孩子差、条件差，不停叹息。我一听就火了，我说："农村学校条件是差了点，但是农村孩子不差，教师也不差，关键是要争气，要有勇气突破自己。我这个校长要带头给你们看，我要在不久的将来，成为全县农村第一个特级教师。"不久，我在一次教师大会上发言，一时激动，又讲了这个话。后来我回家一想，对照着条件，觉得自己还是有不小差距的，这个时候才如梦初醒，觉得自己话说得太大了，可是话说出去了就收不回了。既然如此，那就干吧！

从那个时候开始，我就悄悄地制订了人才发展计划，争取在三年内申报特级教师，瞄准条件，缺什么就补什么。于是，我更加系统地钻研教育理论，上好每一节课，申报了当时全县农村第一个学校研究课题，结果很快就获得批复，成为江苏省教育科学规划立项课题，我喜出望外，到镇上饭店摆了一桌酒席，宴请课题组成员。学校成立了课题组，若干教师都参加我这个课题研究。也就是从那个时候开始，我更加勤奋地思考和总结自己所关注的一些教育现象，寻找其背后的原理和规律，并且写成论文，到处投稿，由原来的一篇篇"豆腐块"般文章到发表较长的论文，逐渐有了一些经验。我的备课笔记等资料成为全县学校的样板，多次拿到县里参加评奖。有一年我的教学计划、备课笔记、作业设计、课堂教学、教学反思五项均获县一等奖，试卷编制获得县特等奖，在全县产生了很大的反响。就这样，自己的申报材料越积累越多，我终于在2000年的秋季鼓起勇气申报特级教师，但只是鼓起勇气试试。我一路过五关斩六将，居然通过了省里的评比，成为江苏省第七批特级教师，当年我只有33岁，是江苏省较年轻的特级教师之一。2000年教师节当天，我从王荣厅长手里接过证书。

其实，我很庆幸自己是"年少得志"，但我也很清醒，深知自己与那些真正的特级教师的差距还很大，生怕名不副实被别人在背后指手画脚。于是，我在接下来的日子里一如既往地对学习实践进行研究、总结和反思，形成了不断学习反思的专业生活习惯。就这样，多年如一日，坚持扎扎实实做一名好教师和好校长。教师在成长中，需要自己订立目标，需要自我鼓劲，需要有一颗"好胜心"。没有自己的励志与发奋，再好的外部环境都不起作用。

我迷路了

1999 年暑假之后，因为泗洪县实验小学张强校长被提拔到县一中——泗洪中学任校长，县实验小学校长一职空缺，县里决定面向全县选一名优秀的校长。那可是教育系统的一件大事，备受关注。许多人是挤破头想当这个校长，当时的实验小学是我们这个拥有 100 万人口的大县中唯一一所省级重点小学、省模范学校，拥有最雄厚的师资和丰富的资源。学校也有着与共和国同龄的办学历史，是全县人民心中的"金牌"学校。当时我已经是全县首批二个名校长之一，所在的农村学校办学水平已经在全县产生很大的影响，加之自己在全县的学术影响，我理所当然地会成为县实验小学校长的不二人选。当时也有许多亲友知情后来关心我，认为现在的社会风气不好，劝我抓紧找人脉关系："你不去'活动'，别人就会去'活动'，结果就很难说了。"我当时根本就没有任何其他心思，认为自己在农村学校干得很好，学校的一切刚刚开始，还有许多事情需要继续做，还可以做得更好，颇有点只顾"眼前的苟且"的意味。这么一想，心里就很坦然，于是便顺其自然。

结果，几天后教育局便传我谈话上任。我丝毫不感到突然，也没有很兴奋，一切还是顺其自然，当然内心是多了一份沉甸甸的责任。至今，我依然十分感谢当时领导，我从来没有想过，也没有找任何关系，居然就从乡镇学校自然而然地被选调到县实验小学做校长了。多年以后，和当时的县委书记、县长谈到当时的任职时，他们都说："当时我们都亲自过问过这件事情。"

到县实验小学做校长之后，社会角色多了，应酬也多了，学校规模又大，有时候自己在业务上去做一些努力，身边的一些人就会说，都是特级教师了，还想什么呢？加之学校事务缠身，内心也就自我原谅了。于是，迎来送往，被各种应酬所左右，在很长一段时间自己既没有上课，也没有写作，还觉得没有时间看书，常常在晚上奔走于各种场子。不久，我又被确定为江苏省学术技术带头人"333 工程"第二批培养对象以及宿迁市的首批科技专家暨拔尖人才，还是市科学技术"131 工程"第一批培养对象，那时真的有点飘飘然了。

但是，我还是有理性和自知之明的。有时候半夜醒来，会想想自己现在都在做些什么。不想不要紧，想了就很可怕。有时想着想着，就会冒出一身冷汗。我的妻子真是我专业发展路上的"贵人"，她常常催促我："你难道就这样下去了吗？你才 30 出头就这样混下去，何时是了？"

我真的不知道自己要往哪里走，一度陷入了迷茫。"我迷路了"，我常常这样想。

有一次和县教研室主任、特级教师钱巨波先生在一起聊天。他是一个我十分敬重的老学者，治学严谨、著作等身。他谈了自己的人生旅程，43 岁才到江苏教育学院读本科而且脱产学习，他说的是自己，其实是在提醒我。我心里明白。他讲了自己如何写作、如何做研究，特别是做他的生命教育课题，当时我听完顿时就有了方向，觉得应该重新规划自己，寻找自己新的出发点。那次相聚后我反思了好几天，觉得我应该理清前进的方向，我应该把特级教师作为基础，重新开启一个起点，而不是躺在"功劳簿"上坐享其成。于是，我就围绕"关注一个教育点"的目标，力争有所突破。

说干就干。我很快就挤出时间来，专程到南京师范大学、江苏教育学院的教育书店购买了一批教育专著，回来认认真真地开始研读起来，扎扎实实地和刘峰副校长做"素质补偿教育研究"这个省级重点课题，写了三篇有分量的文章。为了节约时间，我努力减少不必要的应酬，从"酒场子"里解放出来。正是因为自己及时调整，所以在"消极"了一两年之后，我又重新回到了专业发展的正轨，开始我"阅读—思考—实践—写作"的专业发展新征程。每天再忙，我都会做一点实在的事情——至少我的心里踏实，能睡得着。一年多以后，我的课题顺利结题了。我还每年写一本书，《补偿——成功的阶梯》《我理想中的教育》都是在那段时间完成的。

回顾自己那段时间的专业成长经历，我体会到，在专业发展的道路上固然需要别人的关心与提醒，需要客观条件的支持，但最为关键的还是要"自觉自悟"。若没有自我的"知觉灵明"，任何人都帮助不了你。

当"第一名"落榜时

20世纪90年代，中国基础教育界有"全国教育看江苏"之说。既然有这话，就有道理。从这样一件事就可以看得出。2006年下半年，江苏省率先在全国开启"教授级中学高级教师"的评选工作，南京市在全省率先评出六位教授级中学高级教师。这给中学教育岗位上已经具有相当丰富经验的优秀副高级老师又搭建了一个新的提升平台，在全省广大中学教师中激起了涟漪。这为很多一线的教师带来新的希望和喜悦，当然我也是。当时我在江苏宿迁市实验学校工作，前一年听到这个消息之后就非常振奋，认认真真地整理自己几年来积累的各种资料，花了很长时间去进行系统归纳。通过整理资料、申报、上课、答辩等一系列程序，我的材料在宿迁市排名第一，顺利报到了江苏省教育厅。

2006年底评选结果揭晓，我名落孙山。"噩耗"传来，我"悲痛欲绝"，苦苦思索仍不得其因。每每想起自己这半年来，为了申报花了太多的心思和精力，想到自己排全市第一而落榜，就黯然神伤。晚饭时，我愤愤地向妻子倾诉，说着说着，居然泪流满面，泣不成声。那天晚上我想了很多很多：思考评审是否公正？自己的材料整理得是不是不符合要求，没有把关键材料放到突出位置，专家没有细看关键性材料？我妻子说了这样一句话："想必是你的条件还不够，你想想，这不也是好事吗？你'知耻而后勇'，可以更好地再努力，再积累，不是进步更快吗？真正的水平不是以有没有评上为标准的！"真是"一语点醒梦中人"。一个星期之后，我调整好了自己的心态，一切只当没有发生，又精神饱满地投入到工作中了，忘记这一切，继续在"管理""教学"这"两个世界"里穿梭，不亦乐乎。只是教学关注比以前做得更加细致与实在，尤其是在总结与打磨论文上特别注意理论水平的提高。

　　半年之后，我终于知道自己没有通过的缘由，原来是省评审委员会当年内部有一个不成文的规定：不满 40 周岁原则上不能通过。于是我也就释怀了，我甚至感谢这次失败，至少让我拥有了再次挑战的机会。就这样，我从 2006 年开始重新规划自己，在语文教学上更加关注对细节问题的研究，包括我后来对"沉静语文"的研究，都是 2006 年评正高遭遇滑铁卢之后的产物。由此我想到，应当感谢前进道路上的那些障碍、难题，那些让自己不能"称心如意"的东西，它们常让一个有理想有作为的人有机会可以更加精致地打磨自己，有时候从头再来未必是坏事。

　　我喜欢读中国四大名著，尤其是《西游记》。其实每一个教师团队走过专业发展的道路，何尝又不是"西天取经之路"吗？那"九九八十一难"是取得"真经"必须付出的代价。

　　在教师专业发展的道路上，年轻的老师的确应该经历一些磨难与曲折，这种历练能够促使人变得更加"精致"。一个专家型教师不是一蹴而就的，不仅需要机遇，更需要挑战、磨难、阻碍，没有"九九八十一难"，人是很难真正成长起来的。

"复盘式"评课的开示

  我从 2008 年下半年开始担任无锡市北塘区语文名师工作室的导师。教育局从全区的初中学校中选拔了六位语文教师作为我工作室的学员。在为期三年的名师工作室培养历程中,为了年轻学员的成长,我可谓绞尽脑汁。每一次活动前都认真做好各种准备,如每月一次的课堂观察,做课题研究,指导学员归纳总结教学经验,走出去分享教学经验等。我总是精心组织每一次活动,努力让大家学有所获。其中有一项活动比较有意思,就是我们和大学的老师一起做课堂观察研究,做到研训一体化。我经常会请南京师范大学的黄伟教授、江苏师范大学的魏本亚教授到我们学校来,和我们一起做课堂观察。

  有一次活动我们是这样设计的:选出学校两位老师同课异构,活动前就本节课学习内容对学生进行测试,然后老师上课。上完课之后,又用原题再次进行测试。测试成绩统计之后根据数据再进行现场评课分析。所有上课、听课的老师一起来回顾课堂,把每一个问题写到黑板上,回顾问题提出之后学生的反馈情况。然后根据测试内容来分析所提问题会产生怎样的效果。再把这节课的成绩与课堂问题设计联系起来,观察问题的有效性。用事实来说话,看看教学的有效性。魏老师将此称为"复盘式"评课,即把课堂设计、教学推进与结果评价综合考虑,分析教学的有效性,让教师身临其境,反思教学环节、问题设计的有效性。

  无疑,我们每一节课都要追求教学的有效性,可是有效性在哪里?我们常常抽象或片面地空谈,当"摆事实,再讲道理"时,教师就会心服口服,也就是将所谓的"有效"显性化。这一次"复盘式"评课给了我们太多的启示,上课的老师和听课的学员都觉得不只是形式新颖,而且真实地看到了实现教学目标和教学行为之间的关系,看到了问题设计、教学对话和教学效果之间的关系，体会到了考试成绩不是空穴来风，其有效程度来源于授课与学习的契合度。这样的活动给我最大的启迪在于：听课、评课的研讨活动本身就是现场培训，不是仅停留于表面的讲道理，传授教育知识，在于将知识转化成行为，转化度高才是真正的培训。基于现场教学案例的培训是刻骨铭心的。这一次培训让我受益最深的是更深刻地明白了学校的校本培训一定不能"假大空"，要从实际问题出发，把"课堂当做实验室"，让老师们来现场进行"临床"研究，教师自己就是研究人员，才有真正的效果，也更有价值。我后来以"教育叙事"的方式写了一篇文章，发表在《中学语文教学参考》上，后来又被人大复印资料全文转载，在语文圈子里产生了一定的影响。诸如此类的教研活动也是一种培训，我将这种教研与活动相结合的方式称为"校本研修"，这也是近年来比较流行的一种教师培训方式，也称为"实战式培训"。

国内知名一线教育专家、北京原点教育专家、特级教师梁峰认为，校本研修是提高教师专业素养最经济、最灵活的培训方式。他总结的"三级教研模式"完善了教研体系，实现了常规教学、教研与培训的一体化，有效地提高了学校教学质量，实现了学校的跨越式发展。我认为，这种做法之所以富有实效，是因为它遵循了教学规律与教师成长的规律，有效解决了教学与教师成长"两张皮"的问题，实现了教与学二者的和谐统一。

成长的约定

　　无锡市北塘区原教育局局长周逸君先生是一位教育家型教育局长。说他是教育家型局长，不仅是因为他真正懂教育，而且他有教育情怀，做了六年的局长后又返回学校做校长，这在全国恐怕也是不多见的。清楚地记得，他每年只开两次校长大会，每次只讲一个小时话，轻声慢语的，你不注意倾听，都听不到他说了什么。然而，句句经典，直抵人心。他一直主张坚守教育规律，敬畏教育规律，不"放肆"、不"轻浮"。在任期内，他特别重视师资队伍的建设，2008 年率先在全市区级层面开展名师工作室。2008 年 10 月，我有机会成为区初中语文名师工作室的导师。第一轮语文名师工作室只有六名学员，都是来自区内五所中学的年轻语文老师。面对一个新生事物，我没有任何经验，凭着自己的想当然，策划了名师工作室的运行方式：基本上是每个月一次活动，具体内容包括邀请专家老师来校研讨、带领学员走出去学习、语文专业著作阅读、听课磨课活动、课例研究、论文写作、立项课题研究等。我和学员有一个最初的约定：我们一起学习，共同成长。在起初的三年时间里，我和学员们经常就教学中大家比较困惑的问题一起讨论，当然也常常无果而终，也不刻意需要得出什么结论。

　　在工作室里大家比较轻松自由，常常会聊聊班主任工作，聊聊教学中的一些感悟。经过第一轮的三年时间，我得到很大的收获。也许是"教给别人一碗水，自己要有一桶水"的缘故，在听评课、专业阅读以及课题研究中，我对语文教育的认识进一步深入和系统化，对语文教育理论、当前语文教育的问题有了更深的认识。每一次活动中，学员们都从不同的视角谈自己的认识，都给予我启示。我清楚地记得，在一次年度总结座谈中，当时山北中学的朱小平老师给我讲语文课的体会，她说："我认为现在的语文老师要是只讲成绩，其实很好做。每一节课的知识点要求死记硬背，不会考得很差，但是作为一个合格的语文老师只这样做，良心上还是过不去的。语文老师必须'风物长宜放眼量'，心中要有'不考之考'的意识，底线其实应该是学生走上社会所需要的语文——大语文，能把话说好，说到人心里，能做个善良而又不受骗、不愚蠢的人，语文学习的功能起码应该是这样。在此基础上，因为学好了语文，思想精神不贫穷，日子过得有滋味。"朴实的话语，道出的是语文学习的真谛。我校的虞芳老师说："语文课的目的不仅是把语文成绩考好，而且是要对语文教学中的问题进行思考，我常常思考所上的每节课，做到'一课一得'，学生有所'得'，我也有所'得'。学生之'得'首先是越来越喜欢语文，起码不厌恶或者不逃避语文，其次是要经得起考试的检验。我的'得'就是总结，一两百字、三五百字不定，这就是我在工作室几年的做法与收获。"他们的话，让我这个导师醍醐灌顶，朴实的语言背后蕴藏的是教育真理的光芒，我真是受教无穷。

我一直认为，教师开展继续教育、专业发展是自己的事情，自己得有定力，要有笃静之心，有恒定之力，别人代替不了，成人的成就需要别人帮助，但动力来自自己。所以，我积极谋划学习机会，如"西部之行""北京之行""长三角之行"等，让学员们走出无锡，到异地观看课例，和外地老师进行交流。每次外出活动，都是我们聊语文教学、聊班主任工作、聊学校和学生趣事的契机。我们在定期阅读思想交流会上，常常能碰撞出一些思想的火花，对此我会及时捕捉、升华。在他们的启示下，我的"沉静语文"思想就慢慢生发了。终于在2012年底，我总结提炼出了"沉静语文"的教学思想：沉静语文就是要让语文教学"找到回家的路"，让语文教学"立"在坚实的地面，就是要学得轻松、教得愉快的语文，"考得满意"的语文，就是要不浮躁、不虚夸、不功利，实实在在地做好语文学习中的听、说、读、写，培养良好的阅读习惯，让孩子们学习诚实的文字、沉思的文章、沉淀的文学。

我们工作室的成长就是我和学员们的一起成长。首批工作室成员后来都成了区里的教学骨干，有的还成为区语文教研员，有的成为学校教导主任，有的成为学科组长，大都拥有了如"教学能手""学科带头人"等学科专业称号。与其说学员是在工作室里得以淬炼成长，倒不如说是他们助推了我的成长。江南大学的沈贵鹏教授曾经称赞我们名师工作室是"真实的名师工作室"，有高度、有宽度、有温度，听得我心里暖暖的。此后很长的时间里，我一直在想："是谁培养了谁呢？"其实这是一个学习的团队，即佐藤学所说的"学习共同体"，在共同体中，大家互为师徒，于是共同成长。

我的成长逻辑

　　回顾我的专业成长历程，相对于今天的老师来说，是幸运的，因为我所谓的专业成长，是自由的、无阻碍的、无干扰的。我的专业成长也是"不幸"的，因为我没有很好的成长平台，也没有很多机会，更没有领导的督促或提醒，完全是"散养式"的，好在自己一直具有一种"自明性"。

　　20世纪90年代，没有今天这些高端的培训，没有丰富的专业性活动，充其量就是到外面听听课，也没有什么机会听到高端的优质课，当然更没有网络帮助。我们的许多文字都是一笔一画写出来的，投稿都是手写的。在专业成长的路上，我之所以能成为一名特级教师、正高级教师，成为江苏省人民教育家培养工程的培养对象，能在基础教育领域具有一定的影响力，是因为做事用心，拥有一颗进取心。如果要我回答什么是专业，我认为：用心就是专业。不用心，再好的资质，再好的条件，再好的愿景，都是一句空话。总结我这么多年成长的经验，我觉得就是八个字：阅读、思考、实践、写作。

　　是阅读奠定了我的"教育胚胎"。正如前面所说，二十世纪八九十年代，学习机会少、领导不重视、学习资源少，唯一能做的是大量阅读。那时的我，读了大量的中外教育名著，是书籍打开我的眼界，仿佛在我身边始终坐着一位位老师、一位位长者，他们监督、提醒、滋润了我，不断让我"睁开眼睛"，看到未见的新世界。

　　早在九十年代初，我在阅读苏霍姆林斯基的《和青年校长的谈话》一书时，就被苏霍姆林斯基的话深深震撼了，他说："我越来越认识到，一个人如果缺少真正的阅读，缺少那种震撼他的理智和心灵、激发他去深思生活和考虑自己前途的阅读，那将是很大的不幸。"我慢慢地体会到，阅读和思考常常是孪生兄弟，因为阅读是和书本神交的过程，也是和作者神交的过程。什么是"对话"呢？就是否定、疑问、认同、佩服、陶醉等意识交织缠绕的过程，或是"山穷水尽"，或是"柳暗花明"。阅读绝不是单方面的存在，常常是复合多元的，人一旦思考，就会有实践的冲动，这也必然是人类进步的本有逻辑。我就是这样，在阅读中有了实践的冲动后，就会马上去行动（当然包括校长思想下的学校实践行动），于是就会从纷繁复杂的他人都不在意的教育现场中提炼出我的教育经验，逐渐地呈现出自己的思想与主张。

但做到这一点依然是不够的！我们必须继续去做，因为实践不是一次完成的，是多次循环的。在多次的尝试中，又不断地检验自己的思考是否正确，主动调整自己，在检验中将那些零散的、突发奇想的、暂时的正确不断进行"洗涤"，得出纯净、系统、完整的实践知识。如此，这个知识才会更加精准，更加理性，也更加符合实际，所以实践是我们最高明的"老师"。这个过程也是行动研究的过程。

做到阅读、思考与验证依然是不够的，知识化、系统化、体系化要靠总结提炼。总结提炼还要通过阅读来补充，这又为写作做了铺垫。总结就是把自己所读、所思、所做连为一体去考虑，再进一步地上升成为经验，成为自己的主张。主张进一步地升华，形成自己的理论，这是一个较高层面的知识。这个系统的知识和自己的目的，也符合客观的教育规律。到此为止，才形成了一个"圆"。这个闭环的圆就是专业化教师的整体形象描述。有些老师，没有成为一个"圆"，只是在某些方面有所突破，这是远远不够的。比如读了很多书，教育表达上能言善辩，就以为自己了不起了；还有的教师只是善于写文章，发表了太多的文章，有人称之为"写手"，自己也就认为自己是研究型教师了，其实这是远远不够的。这充其量还是停留在知识或者见识的层面，必须往下再走一步，即"检验"，经历这一个"来回"，才算是"自己的理论"。

所以，"阅读—思考—实践—写作—实践"，是教师成长的内在逻辑，是一个教师成为名师，成为专业的工作者不可或缺的"逻辑"遵循。教师要想成为一个真正的专业人士，大概这是必经的路。

第三章

为什么偏偏是校本

如果世界只有一种颜色
生活将是多么不可思议
如果学校都是一种声音
校园将是多么无趣
世界本来多彩
无法遮而蔽之
教育本该多元
何必掩而盖之
朋友,敞开胸怀吧
找寻属于自己的精彩

师资是办好学校的第一关键

实践一再证明，实施素质教育的最关键要素就是师资，没有优良的师资水平，提高教育质量和办学水平就是一句空话。这几乎是一个朴素的真理，也是一个教育常识。城市学校质量往往高于农村学校质量，原因何在？根本问题就是师资水平的差异。我在农村做校长的时候，那里的师资水平真的很差，满腔的教育理想和热情，要付诸教育实践并产生实效，需要更多的努力。20世纪90年代中期，实施素质教育已经成为国家教育方针，媒体与社会的呼声也已经很高了。尽管当时对素质教育还有许多误解，但是当时朴素的教育追求，就是开齐、开足、上好国家规定的各门功课，有些先进的学校在其基础之上，已经开始开发校本课程了。

上好国家规定的课程是素质教育的底线，可是这在农村依然是一种奢望。因为农村教师的主体构成是民办教师与合同代课教师，大部分教师没有经过师范院校的专业教育，音乐、体育、美术等课程的专业师资更是缺乏，怎么办？必须向上级"要人"。当时我每年暑假都会盯住教育局人事科，向他们要教师，特别是音、体、美、计算机等学科教师。可总是收获寥寥，因为在计划经济体制下，每年全县分配的毕业生数量极其有限，能分到农村的更是寥寥无几，况且，有些毕业生也会想方设法不分配到农村学校当教师。1996年，有个体育教师分配到我们学校，我在饭店摆了一桌欢迎酒宴为他接风。我几乎像"贵宾"一样伺候他，安排好他生活的各个方面。当时学校宿舍非常紧张，所有单身老师都是两人一间宿舍，我力排众议，专门安排了一间最好的给他，又专门安排食堂给他做喜欢吃的菜。可一个月不到，他还是调离了。

听说邻乡曹庙中心小学的一个美术老师有调到我们镇的意向，我亲自跑到曹庙中心小学找到这个老师，全力游说她来我们学校。我又跑了三次教育局，跑了很多次镇政府，费了九牛二虎之力，才算把这个教师挖到我们学校。

可是，光靠去要人，不知道猴年马月才能解决音、体、美学科的师资问题。我意识到这不是我治校办学的长久之计。于是，我想到了"自我造血"，即从师资培训上打开突破口。我把我的想法向当时的领导班子说明，大家都非常赞同。

年龄最大的裴昌龙副校长特别支持。他是 20 世纪 60 年代的老中师生。他说："我当年上师范，还学会了弹中阮，教师通过培训完全可以学一些基本的乐理知识，唱好课本的歌曲，就叫大家'现学现卖'。"

赵勇副校长家住县城，周末就负责从县城把所请来的教师接到学校。他是我的得力助手，他说他愿意做好邀请来的专家的所有联络接待工作。就这样，教师培训如火如荼地开展起来了。学校以"周末＋夜校"的形式，请来了县中、实小、进修学校的专业老师，做音、体、美学科兼职师资培训。同时，镇内骨干教师再对村小比较年轻的教师开展二级培训。这个培训坚持近两年，硬是把村小年轻教师普遍轮训了一遍，真正把音、体、美学科教学落地了。看着所有村小都开设了音、体、美课，我感到无比欣慰。那个时候不像现在这样功利，做一点点事情就宣传得不像样子，而是认为对的就去做，做就是做了，不求其他，只为对得起自己的良心。

那几年，我基本上是没有周末的，不过从来也没觉得累，浑身都是干劲，总是觉得事情没有做好，也总是冒出许多新的想法，认为需要实践。其实，我清醒地知道，之所以出现素质教育，是因为现行的教育出现了偏差，就是要回归到"原点"。为了纠正偏差，特别强调我们的教育应该是素质教育。素质教育不是形式上的唱唱、跳跳、画画，更应该是实质性地改变死盯书本、死盯分数的传统评价方式，实现优质课程育人，全面全程育人。

面对素质教育，显得捉襟见肘的便是教师问题。教师的差距还是很大的，尤其是把真正的素质敲实在课堂上。可是校长的力量是有限的，培训也是需要时间的，毕竟不是每个人通过培训都能达标。

1998 年，江苏省改造农村薄弱学校现场会议在我们市召开，我校作为最重要的观摩点，省领导、省教育厅领导听了学校的介绍，看了学校的教学现场后，非常高兴，称我们的师训工作经验为"苏北农村师训模式"，大加表扬，在全省农村学校中引起了强烈反响。我虽然为此而感到欣慰，但仍为农村教师素质不高、教师学科不配套感到苦恼，为农村孩子感到不平。

在农村工作的时候只满足于开齐课程。后来，我到县城和市里学校任校长，学校的情况完全不一样了，教师都是科班出身，不仅要上课，而且要做好教学研究，培养特长生，参加更高层次的竞赛。我深深地意识到，只有提高师资素质的整体水平，才能有真正的素质教育。发展素质教育，不仅要开齐、上足、教好课程，校长、老师也要有课程开发力和校本课程的激发创造力，用更好的课程满足学生的需要，而且把每一堂课都上得精致，在课程实施中师生共同发展，那才是我们追求的结果。

我的教育实践知识告诉我：办好一所学校，摆在第一位的不是教育经费的投入和硬件条件，校长办学思想的引领与建设一支优质的教师队伍，才是最重要的事。师资队伍建设是"第一关键"。当然，把握好这"第一关键"也需要政府和教育行政部门在编制制度与人事体制机制上改革创新，提供给校长一定的办学自主权。

坚决在校园里"消灭"打牌现象

1995 年秋季学期，教育局及镇党委任命我为镇教育助理兼中心校校长，那时我才 29 岁。由于历史原因，村小办学条件较差，师资队伍参差不齐，教师队伍士气低迷，学校发展面临很多棘手的问题。面对中心校以及乡镇的 19 所小学以及 1 所幼儿园，教师队伍整体素质很低，进取状态不佳，学校问题层出不穷，我真是感到头皮发麻，心里发怵，一时不知道校长工作该从何入手。

当时各地农村学校都如此，管理不规范，学校脏、乱、差现象比比皆是。教师在校园里打牌成风，不少校长经常中午喝酒，甚至赌博，村级学校教学更是不规范，甚至会因为一点小事而停课。在我上任之前的一个学期，一个被抽调到中心校工作的村小校长，喝酒后耍酒疯，老教育助理没有办法，只好将其调离中心校，调其到乡下学校工作。我上任不到一个月，一个教师喝酒，在办公室胡闹，被我批评还出口大骂，我忍无可忍，将其调到乡下学校。中心校作为全乡镇的龙头学校，办学条件最好，已经有了教学楼，可是教风不够正。我当时概括全镇学校的现状，用了四个字：软、懒、散、沉。

1993 年上半年，我任副校长主持中心校业务工作，下狠心消除"病症"，端正校风。我明确提出，中心校教师一定要做全镇教师的榜样，我制定了"校园八不准"的校园规范，其中一个重要的"不准"就是"工作日不允许在校园里打牌"。那个时候很多教师都住在校园里，大家晚上聚众喝酒、打牌，还看不起那些备课、读书的教师，认为他们"不合群"。我暗下决心，势必不能让这种风气再继续下去。我在大会上明确规定，周一到周五，校园内不允许打牌，倡导文明健康的校园生活，提倡教师到办公室备课、批改作业，或者看书。当时很多老师反对，认为自己的休息时间，校长无权管。虽然没有直接和我说，但是背后议论颇多，我却"一意孤行"。我在干部会议上说，"小猴子不上山，多打几遍锣"。我清楚地知道，校园里的都是年轻教师，要引导他们学习，不能这样浑浑噩噩下去，否则就毁掉了一批年轻人。

我开始动员一些中层骨干，每天晚上都到办公室办公，这样办公室时常灯火通明，时间一长，来办公的人就逐渐多了，我有时也会和他们一起看看书。就这样，来办公室备课、批改作业和看书的教师越来越多。一时间，阅读风气蔚然，我颇感欣慰。自那时起，我一直以来倡导教师重视阅读，就是那时候形成的教育意识。农村教师是最朴实的，只要你是为他们好，他们就会很实诚地对你好。这是我几十年来做的最值得自豪的一件事情，也是遇见的最美风景。我常常会想，假如我一直在这所学校工作，学校会是什么样呢？

接着，我把"八不准"的要求在全镇教师中推开，组织召开全镇教师大会深入学习要求，提出明确的检查要求。学习之后，写心得，多交流，并且把个人承诺贴上墙，请大家监督。我组织教办的一批老同志，坚持每天骑上自行车到教学第一线查看，每个月开一次校长会议，加强学校管理规范的培训，并对检查情况进行通报，表扬先进，批评后进，剖析典型。为此，还调整了三位执行不力的校长，坚决把规定落实到底。我甚至把情况通报到每一个村支部，那个时候因为需要村里拨款支持办学，村支部也比较关注学校在全镇学校中的排名。这一系列举措，有效地规范了村小的教育教学行为，也很好地培训了校长。

有位哲人说过，"铲除杂草的最好办法就是种上庄稼"。提高教师的素养，最好的办法就是引导他们认真读书，海量读书，把闲暇时间利用好。

办一所名副其实的好学校

1999 年暑假，从考核到任命只有五天的时间，我便被调到县里最好的学校——泗洪县实验小学做校长。实验小学的教师整体素质比较优秀，主要得益于老校长马支贤先生二十余年的有效管理。他有一个原则，就是历史上的不同时期，始终能顶住各方面压力，面向全县选拔优秀教师，办好这所最好的小学。师资好，生源好，对教师要求也高，形成良性循环。学生家长大多是县直机关干部和社会名流，家长重视子女的教育。这样的学校应如何管理？这着实是对我的考验。当时实验小学的确也有一些教师对我半信半疑，认为我是乡下来的"泥腿子"，能把他们带向何方？

上任伊始，我并不急躁，不急于"烧三把火"，而是深入观察思考。我决心找准薄弱环节，做到精准发力。好学校也有各种问题，也面临各种挑战。我上任不久，通过调查、走访和研究，便发现学校存在一些问题，例如：教师虽然教学基本功不错，但是教育理念不新，研究意识不强，教学同质化现象严重；教师自我感觉太好，尤其是年龄大的教师过于保守，忧患意识不足。我在调查研究之后，制订了学校三年发展计划，瞄准教师理念更新、教学研究、团队合作精神培养等方面，将其作为学校发展新的切入点。教师教学理念更新，必须眼睛向外。于是，首先，我开始建设一个"周六工程"，即每学期占用 6~8 个周六，围绕几个专题，邀请省内外专家来开设讲座，讲座主题包括优化教学设计、心理健康教育、班主任工作艺术、后进生转化等。当时就设计了教师培训"百分制考核"，其考核结果作为年度考核、评优评先的重要参考依据。其次，搞联合赛课活动，每学期和周边邻县的实验小学联合开展"五校教学联盟"教学研讨会，各学科都举行赛课。三年时间正好完成了一轮，与淮阴师范附属小学、宿迁市实验小学、盱眙县实验小学、沭阳县实验小学都建立了协作关系，校际间互相走动，老师们以课会友，校长之间也借机交流学校管理经验，发展了校际友情。我还每年举办一次大型会议，每次举办会议，学校都会在硬件上有一些投入，也会促进教师参与，引导他们思考教学，学习先进教学经验，通过会议促进学校教学与管理水平的提高。经过几年的努力，老师们的眼界拓宽了，看到了"外面的风景"，也看到了自己的不足。两年以后，不少老师说，"原来以为我们在县里是一张'王牌'，但是经常走出去后就不那么自信了。是许校长来了之后我们拥有了新的发展平台，让我们感觉到'天外有天'，不再为'自己所在的是最好的小学'而麻木不仁了"。

为了提高青年教师以及骨干教师的理论水平，我还计划开设一个研究生课程班，我和徐州师范大学成人教育学院多次洽谈，准备开设一个教育学专业研究生课程班，因为当时的院长是我很敬重的老师，他也特别支持我。2002年6月，双方基本达成协议，只因当年下半年我工作调动而做罢。今天看来这依然是一大遗憾，当时如果提前一年筹划这个事情也就办起来了，对各门学科的骨干老师进行系统化理论学习，一定会使他们具备比较厚重的理论基础。从我几十年的教育经历来看，一个没有理论修养的教师是根本走不远的。

我从当年的优质学校教师培养的实践中，进一步思考：每一所学校都有进步发展的空间，关键在于寻找到自己的"生长点"。为此，必须立足于学校的实际，引导老师"睁开眼睛看世界"，那些只看到眼前和脚下的学校，是没有希望的。

好的教书人都应该是"读书人"

从我参加工作到走上学校领导岗位，我一直有种恐慌感：生怕有一天自己不能适应教育需要而被淘汰。尤其是做了学校领导之后，一直强烈地认为，老师必须读书，只有读书才能站稳讲台，才能发展和进步。正是因为这种恐慌，学校也才会有学校的模样。今天看来，真的要非常感谢这种恐慌。

近十年，学校都流行倡导教师读书，这放在 20 年前是无法想象的事。我记得，在 1995 年做乡镇教育助理时，我参加南京师范大学研究生课程班后，深感教育理论的匮乏，于是如饥似渴地阅读教育理论书籍，有一次我给学校的图书馆添置了 3 000 多元的教育类书籍，这在当时是一笔很大的花销。可是我看了图书馆的借阅记录，发现居然没有老师去借阅。又有一次，我上厕所（那个时候学校都是公共厕所），刚到门口，就听到里面两个老师在聊天：

"校长让读的书读了吗？"

"瞎折腾！天天上课忙死了，谁有功夫读？"

"是啊！没听说老师也要读书的，只要把书教好，提高成绩就行了，读什么书？白猫黑猫，逮住老鼠才是好猫！"

"就是！这就是花架子！读不读书那是我们自己的事，发展不发展的，不要他们操心！"

…………

听了他们的对话，我思考了好几天，既觉得有些委屈，又觉得有些不对劲。为什么老师不读书呢？老师的需求到底是什么呢？看来，劝老师读书还要让老师从思想上接受，没有内在需要，光从外部输入或者硬塞是肯定不行的。不仅如此，若影响到学校其他工作，那就真的是舍本逐末了。

　　这应该是"一场静悄悄的革命"。我不动声色选了教育家苏霍姆林斯基《给教师的建议》中的一篇关于教师阅读的文章，打印给老师们阅读。后来，我从县城学校选了两位优秀教师来介绍读书给他们带来的成长经验，引起了一些反响。

　　有一位老师参加县里优课评选，到图书馆借书备课，我就和她聊起来，问她为了备课都看了什么书，她告诉我借阅的书中有的是优秀教师教学设计方面的，有的是教学理论方面的。我问她为什么看教育理论书籍，她说，主要看教学反思背后蕴藏的那些教学理论。这位教师后来获得了全县优课评选一等奖，我就让她在全校的教师会议上谈自己备课需要阅读的体会，她讲得非常好，尤其是说了一句话，对大家启示也很大，她说，"我们教师看似都是读过书的人，可是我们都是经验型的，这些经验却未必都是正确的，有些甚至是错误的，或者有害。面对太多的教学现象，当我们想知道为什么是这样时，我们显得那样的贫乏和无知。我们教书的人一定要做个读书人"。

　　渐渐地，学校图书馆教育类书籍有人借了。到1998年，曹副教导居然向我申请，说教师要求再多买些教育类书籍，我暗暗欣喜。我觉得目的终于渐渐达到了。据说，到现在这种风尚还保留着。我想这也许就是文化吧。

　　后来我到过其他几所学校，都采取了不同的方式引导教师读书。这几乎成为我办学校的一种习惯。

　　我坚定这样的信念：教师的习惯影响学生的习惯，只有教师读书，学生才能读书。我预言，无论资讯如何发达，无论教育更新迭代速度如何快，教师读书（读纸质的书）都是教育所必需的，教师必须有点"古典的情怀"，手捧一本纸质的书阅读，永远是校园最美的姿态。

好看的 100 张照片

2008 年，我任无锡凤翔实验学校的校长。九年中，我做了两次学校发展规划，在这两次发展规划中，我都把教师专业发展放到突出位置来加以关注，并且在发展规划的基础之上，做"教师发展三年行动计划"。在执行"教师发展三年行动计划"过程中，我除了开设教师培训的"每月一课"之外，还设置了"教师项目发展中心""苏霍姆林斯基教育思想研究学习会""名师工作室"等教师专业发展组织。在推进这些组织发展的过程中，或讲座，或听评课，或课题指导，或沙龙，或工作室研讨等，请了许多专家走进学校，我把这些专家的活动照片挂在学校展览室的墙上，共有 100 张，挂满一整面墙。每当外校校长、老师来校参观时，照片墙就成了一道亮丽的风景。展览室的隔壁是一个苏霍姆林斯基纪念室，陈列着学校这十年来学习实践苏霍姆林斯基教育思想的成果，我们还专门塑造了一尊苏霍姆林斯基石像，将其摆放在里面。

这 100 张照片中，从地域分布来看，有国外的专家、省内外的专家、也有身边的即市内的专家。从类别上看，有课程专家、教学专家、德育专家，有大学的理论研究工作者，也有省市教科研工作者，还有一线的老师。无论是美国专家关于母语教育的经验，还是美国心理学家关于社会建构理论的调研与报告，还是乌克兰世界名校巴甫雷什中学的办学经验介绍，都给我们的办学带来许多的启示。

站在这 100 张照片前，我常常感动不已。日子虽已远去，但一切仿佛都在眼前：鲜活、清澈、本真。每一个专家走进校园，他们都会在学校待上一天半天，有的甚至在学校待一个星期时间，观察我们的教育生活、我们的所作所为。还有的博士生留在我校一个学期，跟着我做博士论文。由此可见，在我们这九年的时间里，在教师队伍建设的道路上，我们走过的路是多么的扎实，又是何其不易。在这些专家当中，有两个团队我始终难以忘记。一个是南京师范大学教科院教育领导与管理研究所的张新平教授的团队，曾在两年时间里走进我们学校十多次，和学校中层干部、班主任老师进行培训交流；另一个江苏师范大学文学院魏本亚教授的江苏省特级教师高研班团队，2013年10月，组织了40多名江苏省语文特级教师走进我校课堂，把学校所有语文教师的课都听了一遍，并且他们也上公开课，比着看，照着看，找差距，有意思极了。这100张照片是我们教师成长的见证，也是我们教师队伍建设成功的阶梯，这100个人是我校200位老师成长的阶梯和加油站。

这是"好看的100张照片"，胜过我看过的所有展览，那是我的情感与智慧结晶的呈现。看着这100张照片，我常常思绪万千、心潮澎湃。我觉得我在这所学校整整九年，全身心地投入这所学校的教师队伍建设，我的心对得起这所学校，我对得起每一位老师，因为我不仅让他们俯身课堂，更让他们仰望星空，让他们的精神与灵魂得以生长。这一切，只因爱孩子，爱老师，把校本培训做得扎实，做出了成效。

这所学校有名堂

江苏省宿迁市实验学校是一所年轻但又有着太多历史遗留问题的学校，我是在通过竞争上岗于学期中途接手这所学校之后才知道的（当时并不全部知情而就任的），曾在上班后的几个月里想着"逃离"。但最后还是理智战胜了情感，硬着头皮做下去。2003年新春之后，一开学，面对"剪不断、理还乱"的现实，我调整好了心态，信心满满地开启这所学校发展的新征程。

3月上旬，我到华东师范大学一个星期，专门向有关专家诚恳地请教学校的发展问题。我还请来相关专家做指导，帮助我做学校的发展规划。当时的陈霞、安贵清、殷昌新、王一军等一批博士、硕士"蹲点"我校调研。暑假里，又请来一批学者开展校本培训。学校的老师从来没有接触过这么多的专家学者，上海的专家老师给大家带来的是不一样的眼界与视野，老师们觉得很新鲜，兴致很高。

当时的宿迁市实验学校是市属学校，虽然办学起步晚，但是资源还是比较丰富的。我带领大家研制了一份教师发展行动计划。学校是市教育局唯一一所九年一贯制学校，我就充分利用市教育局经常组织活动、我们承办活动的机遇（活动经常需要中小学都有的课堂），经常组织听课活动。由于经常有专家进校听课、点评，时间久了，老师们的胆量也大了，眼界更加开阔了，很多老师还和专家建立了紧密联系，有的甚至还和专家建立了师生关系。我们还承担市局承办的省级活动，让老师们有机会接触更多的专家学者。通过三年的努力，对于实验学校的老师们来说，认真读书，做课题，研究改进课堂已成为习惯。教育局教研室的老师们对我校刮目相看，认为这所学校之前濒临倒闭，人心浮躁，但通过建平台、抓培训、领队伍、促变化，老师们尝到了学科发展的甜头。因为良好风气的影响与传承，后来高胜光、杨海燕、李军等一批老师均被评为特级、正高级教师。

　　宿迁市教育局副局长兼教研室主任、特级教师张德超先生每年都会到学校给老师们开讲座。他曾经说，"这所学校是有'名堂'的，是一所有着独特生长方式的学校，不同于任何一所学校的发展，因为这所学校的发展是理性而又内生的，他们是从'洼地里'走出来的，是靠教师成长而'引爆'的，不是靠优秀生源或者外派优秀教师的优质资源补充式发展的，很有前瞻性。学校发展有文化的自觉，因为他们早就预见了学校的发展，清晰地规划了教师发展的轨迹，很有理性地引导教师成长，他们的成绩也是绿色的"。他的话语没有恭维，他也没有必要恭维。我觉得他真的是一个专业的人，看到我校进步的实质，他所说的，也是我所想的和所做的。在宿迁实验学校的六年时间里，教师校本化培训从自发、模糊，逐步走向清晰与自觉，学校找到了渐次攀升成功的阶梯。

校本培训缘何而来

　　谈到校本培训，不能简单地理解为"学校培训"，也不是"在学校里培训"，还必须从校本管理运动的教育理念说起。校本管理运动是 20 世纪 80 年代西方学校改革运动中出现的一种新型学校管理模式，澳大利亚、美国、英国、加拿大、新西兰等国家相继推行校本管理，如果追溯到实际起源，澳大利亚可以算是先驱。早在 20 世纪 60 年代中期，澳大利亚一些教育工作者和学生家长对全市的学校管理模式提出批评。1966 年，在教育工作者和社会各界的共同努力下，澳大利亚成立了由前副总理乔治·居里领导的学校管理改革领导小组。1967 年，该领导小组公布了《居里报告》，要求把管理学校的权力下放到学校，并要求在每个学校设立董事会，建立教育局、校长、教育管理人员和教师、社区人员等共同合作的学校管理模式。报告还提出建立学校董事会，有助于协调学校管理部门与教育局的关系，每个校长都明确了自己的职责，并能与教育局管辖下的其他校长和谐相处。教育局不仅必须代表家长、社区和教育者，而且应该代表政府和其他一些部门，这些部门还能帮助教育局提高工作效率等。

　　1972 年，澳大利亚学校委员会成立了一个由比特·卡姆领导的临时委员会，该委员会在发布的《卡姆报告》中指出，学校向家长的开放可被看做是扩大教育影响和强化学生学习动机的一种手段，同时还会使教师与家长的关系更加紧密。报告还认为，"职权应该尽可能地分化给涉及学校管理的所有人，应与学生家长磋商，在较高层次上，还应征求学生本人的意见。在此基础上的学校控制方式反映了这样的信念：职权只有被下放到能尽责完成，并确信是正当的，和能从其经验中获益的人手里才是最有效的"。

　　《卡姆报告》成了促进联邦政府实施《居里报告》的催化剂。1972

年，南澳大利亚州最先建立了新的学校管理模式。每个学校都设立董事会，由校长教师代表、社区成员、家长、市民联谊会代表以及学生组成，董事会有权决定学校的教育政策和经费开支、评估校舍设备和仪器的需求情况。这一模式的最大意义是在学校管理体制集权化盛行的情况下，使之朝着分权的方向迈出重要的一步。这一改革也成了"校本管理潮流的先驱"。

无论是从校本管理理论还是从实践角度来考察，美国的校本管理一直处于领先地位，在某种程度上引领着世界校本管理潮流的发展。美国中小学教育管理体系由联邦、州、地方学区与学校四个层次组成。联邦教育部仅通过教育立法和拨款对学校教育实行宏观、方便的间接控制，各州有权建立和推行其认为合适的教育制度。州教育委员会通过立法、行政和督导等手段对学校教育进行宏观控制，大部分学校教育的实际管理权归属于地方学区。学区拥有学校的实际管理权，其主要管理职责是负责各中小学的经费、人事及课程，并通过决策、行政和督导来体现其领导职能。中小学则实行由学区教育委员会领导下的校长负责制。校长向学区当局负责，在学区中心办公室的要求下实施学校计划和监督教育过程。在美国，这种由地方控制学校管理的模式由来已久。

1983 年，美国优异教育委员会发表名为"国家处于危险之中：教育改革势在必行"的报告，提出实施以学校为本位的管理模式，成立地方学校理事会，发挥学校基层管理人员和教师的积极性，使得学区、学校管理人员、家长、学生共同决策，共同参与教育教学改革。此次改革采用自上而下的策略，试图提高当时的美国教育质量。由于当时学校基本上还处于一种科层管理状态，虽然学校教育质量有所改善，但教师始终处于科层管理和专业判断的冲突之中，学校本位的思想并未得到完全体现。1986 年，卡内基工作组发表了题为"国家为培养 21 世纪的教师做准备"的报告，提出了"重建学校"的思想，引发了重建学校运动。重建学校包括四个基本策略，即校本管理、授权教师、家长选择和为理解而教学。于是，校本管理思想开始受到人们的广泛关注。

从 20 世纪 80 年代后期起，美国各地许多学校系统开始实施校本管理。1989 年，美国有 14 个州开始推动校本管理项目，1991 年全国有千余个学区开展校本管理的实验。1993 年，美国至少有 44 个州开展了多种形式的校本管理，其中肯塔基州和得克萨斯州全部实行了校本管理。到 20 世纪

90年代中期，校本管理已成为美国中小学进行教育改革的一种重要模式。

综合上述，我们应该认识到，校本管理运动强调了要下放决策权力、决策主体到学校。学校、社区、家庭的相关人员有权利参与学校决策，这种参与应该是在有组织保障的同时，决策者对决策的贯彻实行负责。所以，校本管理运动体现的是以学校为基础的思想，从根本上讲蕴含着一种实地决策、基层决策的理念，传递了一种与高度集权化相对立的信息。因此，校本管理是一种学校自主管理的模式，对教育管理变革有着十分重要的进步意义。

校本管理除了权力下放以外，还要把教师专业发展和奖励的管理权交给学校，争取权力下放并不是下放管理的目标本身，只是为提高教育质量而采取的众多改革手段之一。校本管理所奉行的理念只是达到学校管理效益提升，实现办学目标的工具。校本管理不是一个孤立的概念，"校本"是一个"家族"，有校本研究、校本培训、校本课程等许多概念，是一个"概念群"。有学者对它们之间的关系做了专门的阐述：校本研究是中介，校本课程的开发是落脚点，校本管理则贯穿始终，在它们中间起着协调组织的作用。校本管理，对校本研究、校本培训、校本课程来说是前提和保障。没有校本管理，校本研究等都会落空。原因很简单，教师做教学研究，需要投入精力、人力、财力等，没有管理的支持与保障，就谈不上研究成效。同样，校本培训没有校本管理，就很难协调各方、共同协作，也无法满足每个老师的发展需要。没有校本管理，校本课程的开发与实施，也就不能充分利用学校内部的各种资源，无法将开发的课程加以贯彻和落实。

为此，我们需要树立学校发展的整体观，对待校本培训不能孤立片面地看，这是为了教师的发展，要整体地、系统地看。观念是前提，管理是保障，培训是动力。校本培训的有效实践，必须要在校本管理的视野内加以考虑。纵观世界范围内的教育管理变革，各国都不约而同地把目标放在教师的专业发展上，而发展教师则要学校有治理的自主权，这不仅仅是培训教师单方面事情。校本管理成功是基础与保障，教师的专业发展程度有赖于校本管理的水平。因此，从这个意义上来说，校本培训源自于校本管理的改革，优质的校本培训是校本管理变革的产物。

第四章

适合的才是最好的

和着时代激昂的乐声

学校河流荡漾着文化的涟漪

这里有缤纷的色彩

这里有迷人的故事

做独特的自己吧

你可以有无限的梦想

你可以有无限的创造

现在就做起来

打磨自己的句子

这是智者的话语

你愿意做哪一只"小田鼠"

我在许多地方都常常讲这样一个故事：秋天的阳光澄澈而温暖，在田野里，有三只小田鼠在紧张地忙碌着。农民在地里收割稻子，忙得不亦乐乎。三只小田鼠在田野里捡拾稻穗，不停地把稻穗运往自己的家，储备过冬的食物。其中，有两只小田鼠非常勤快，终日劳作，它们甚至来不及看一眼秋天的太阳，没工夫看一下田野里忙碌的农民。而那第三只小田鼠不是那么"安分"，它一边捡拾稻穗，一边看看美丽的蓝天，看一看田野里轰隆隆的机器，听一听农民关于丰收喜悦的谈论。它甚至有些心不在焉，傻乎乎地看着湛蓝的天空与清澈的河水。每当这个时候，两只勤劳的小田鼠就会抱怨第三只小田鼠偷懒。

冬天来了，寒风呼啸，皑皑白雪覆盖了大地。三只小田鼠在各自的家里享受着自己一年劳动的成果，这样的日子好像很惬意，但是又感觉缺少了什么。两只小田鼠吃啊吃，吃得百无聊赖。于是，第三只小田鼠给它们讲了很多故事，它讲了《白云的故事》《老牛的故事》《轰隆隆的拖拉机的故事》，讲了太阳底下很多的小动物的趣事。那两只小田鼠伸长脖子听，十分羡慕："你这个懒家伙，你怎么知道这么多好故事的?"第三只小田鼠愉快地告诉他们："我就是抽了点空欣赏了秋天的美景呢。"

我一讲这个童话故事，老师们就笑了——"校长，你不就是说我们吗?"有一次，一个老师对我说："校长，我们还是肯定前面那两只小田鼠，因为他们务实苦干，教育更需要务实苦干的人，现在有一些教师就像第三只小田鼠，总是'东张西望'，甚至有的就是'空中飞人'，缺乏定心，不能安静下来。我觉得教师一定得是安静的职业。老师还是要来得实在一些，就要像农夫一样匍匐于地面，实打实耕种收获。"我这样做了回答："这是一个隐喻，我们不要简单判断谁是谁非，而是要从三只小田鼠身上得到一些思考与启示，教师既要汲取前两只小田鼠的务实苦干精神，又要汲取第三只小田鼠的机智与宽厚。作为教师，首先是要躬耕田亩，但是也要睁开眼睛看看外面的大千世界，那些只关心脚下的人是没有希望的。教师和世界上许多职业相比，常常没有清晰的边界。正因为边界模糊，才更加需要自己来丰富自己的世界，才要更加关注自身和这个世界的互动关系，努力睁开自己的眼睛。"

【典案例证】

从桀骜到优秀

在七（12）班上课，吴洪明老师关注到这样一个学生：他是一个自由散漫的男生，给人一种特立独行的感觉，经常为缺课或迟到找各种借口，在课堂中会用夸张的表情或肢体语言弄出很大的声音。后来吴老师通过打听才知道，许多老师都不太喜欢这个同学。

从此在课上，吴老师特别关注这个学生，用他的话说，就是要研究这个学生——看看能否用课程本身的趣味来转变这个学生。随着综合课程的推进和各项活动的开展，吴老师经常有意识地提问，抛难题给他思考，想要"压压他的傲气"。该男生逐渐感受到了综合实践活动的精彩和乐趣，并催生了微妙的转变。第二学期，该男生不但和谐地融入了班级集体，而且被选为研究小组的组长，积极组织小组成员开展各项课程活动，课堂上他思维活跃、踊跃发言，逐步成长为综合课程最优秀的学生之一，多次受到教师公开点名表扬。前后的巨大反差，让老师印象非常深刻。

"迟开的花朵，往往开得最惊心动魄，最美丽动人。"吴老师多次在研讨交流时这样说。正是我们的综合实践活动老师怀着这样一种"花苞"心态，不放弃任何一名学生，用心探索和经营精彩的综合课堂，最终等来了最美丽的花开，见证了一张最美丽的笑脸。

本案例中的吴洪明老师是参加学校项目研修的学员，教育理念比较新颖，善于在实践中思考。像本案例中的这类学生几乎每个班级都会有，一个教师带着怎样的理念，就会对这样的学生做出怎样的理解。有时候仅仅就是一念之差，然而，一个孩子的命运就会有天壤之别。

　　我想，教师要长出"第三只眼睛"——书本世界、学生世界、现实世界。一个经常关注那些看起来与教育本身并无联系的事物和现象的人，久而久之，他自己就会成为一本厚厚的教科书。很多教育家本身就是这样做的，如苏霍姆林斯基的《给教师的建议》就变成为一本"活的教育学"。我想，如果我们想成为一名优秀并且开心的教师，那就必须始终保持开放的胸襟、广阔的视野、宁静的气象。教师只关心学生考试分数，只关心校园里的事，只关心眼前的一切，自己生活就会变得很无趣，这也是产生职业倦怠的根本原因。

我们的"成分"是学生

我看过《大师教书的日子》《远去的背影》等书籍，个人感觉书中关于教师发展的话题显得有些沉重。回望自己工作到今天，这三十年倏然而过，然而教师队伍整体素质提高的问题并没有得到根本性改变。有人说，二十世纪五六十年代以后出生的人，从根本上说是没文化的一代人，此话不能说没有一点道理。诸多历史的原因使得那些年整个教育系统几乎没有责任与理由去做提升教师素质的事，也没有真正的教育科研。加之九十年代之后师范教育没得到应有的重视，教师队伍素质始终在低层次徘徊。说到教师发展，就觉得这话题很沉重。

我记得，年轻的时候填表，有一栏是"本人成分"，我们当时不知道怎么填写，就问长者，他们就告诉我们说填"学生"。这是多么好的事情，我觉得应该永远这样填写，我们每一个人，所有的职业都要做学生。我常常会思考，一个教师从师范学校毕业到走上教育工作岗位就实现了从学生向教师的转变，走上讲台之后，他们会慢慢地忘记了自己是学生的身份，忘记了自己是一个学习者，甚至很多教师在学生面前，俨然是一个知识分子，甚至是无所不知的大知识分子，是一个已经完成了受教育的人，是一个每天要摆出无所不知、学富五车般姿态的人。而越是这样，我们就越会忘记"学生"的身份。久而久之，我们的教师就变成了一个不想学习的人，甚至抗拒学习的人。

现在，各种培训很多，本来教师有学习上升的通道，然而，这些培训并不可靠，其来源无非有三：一是来自本学科教研员组织的会议、活动，从中学习相关知识、思想等。此类学习大多围绕考试、命题而进行，功利性比较强。二是为了教学，学习本学科的书本知识、教学知识，主要是自我学习以及同伴学习。这里主要是自学自悟以及向同伴学习，比较零散。

三是参与杂乱的各种培训（被学校指派而去）。分析此三种渠道，教研员个人可不可靠，因人而异；书本比较逼仄，基本是为考试而学；培训零散，不系统，而且主题弥散，碎片化。由此可知，培训也并不能成为教师成长的可靠通道。就这样，日复一日，年复一年，教师成长的脚步就停止了。我们不能用学生考出较好的成绩来掩饰教师整体素质的低下。看看今天很多教师的生活状态、生存状态，令人担忧，用眼下时髦的一句话说，不少教师已经变为了"油腻女"和"油腻男"，这是十分可悲的。

教师，毕竟不能等同于一个熟练的"工匠"，"工匠"的工作是严格按程序做，不需要太多的创造，按照模式做到精致即可。"工匠精神"强调的是做好细节、精益求精。而教师在每一堂课都要成为一个创造者，一个鲜活灵魂的引领者。现在，很多教师变得不想学习，不想进步，变得故步自封，变得固执己见。我们不能说教师是一个不爱学习的群体，相对来说，其在社会上已经算是一个很爱学习的群体了，然而，我们也可以这样说，很多教育内部问题是由于教师专业化水平不高造成的。我常常在想，拿什么能"拯救"教师？我觉得唯有读书。读书，让他们打开思想，洗涤自己的灵魂，用无限多的知识驱散胸中的无知、懒惰与偏执。尤其是要用教育理论的常识来开启自己思想的河流，只有这样教师才能担起教书育人的重任，实现"人的再生产"的使命。对此，早在半个世纪前，苏联著名教育家苏霍姆林斯基就说过，"每天不间断的读书，跟书籍结下深厚的友谊。潺潺小溪，每日不断，注入思想的大河。读书不是为了应付明天的课，而是出自内心的需要和对知识的渴求。如果你想有更多的空闲时间，不至于把备课变成单调乏味的死扣教科书，那你就要多读学术著作。应当在你所教的那门学科领域里，使学校教科书里所包含的那一点科学基础知识，对你来说只不过是入门的常识。在你的科学知识的大海里，你所教给学生教科书里的那点基础知识，应当只是沧海一粟"。

今天，我们距离"教育艺术"太远了，当问教师一些具体的教育问题的解决之策，甚至听他们的一节课时，很多教师就会感到很慌张、很窘迫，对一些教育常识也常常语焉不详。关键是我们在教育之术的路上行走太久，忘记了教育之道何在。教育之道在于心灵的整体宁静，教育之策在于多多地读书。我们不要忘记自己的"成分"是学生，只有承认学生这个身份，才能去读书，唯有读书，才可以拯救我们的灵魂。

阅读，是一种"拯救"

　　苏霍姆林斯基在《给教师的建议》中提到过这样一件事，说有一位女教师写信给他，向他倾诉，教师和其他人一样，要做家务，要教育自己的孩子，问教师的时间到底从哪里来。对此，苏霍姆林斯基深表同情，并认为这是许多毕业生不想报考师范学校的主要原因，尤其是教师子女不愿意报考师范学校。他认为"没有时间，是教师劳动中的一把利剑，不仅伤害学校的工作，而且损及教师的家庭生活"。学校这个问题该怎么解决呢？他认为也像学生的智力发展问题一样，是涉及整个学校生活的综合性问题之一，完全取决于学校全部活动如何安排，要看老师工作的方式和性质。他举了一个例子，他们学校一位历史老师，有 30 年教龄，上了一节关于《苏联青年的道德理想》的公开课。区培训班学员、区教育局视导员都来听课了。在听课的时候大家都入迷了，连笔记都忘了做。他们坐在那里，屏息静气地听，完全被讲授内容所吸引，就跟自己变成了学生一样。后来听课的老师就问这位历史老师："是的，您把自己的全部心血都倾注给学生了。您的每一句话都具有极大的感染力。不过，我想请教您，您花了多长时间来备这节课？不止一个小时吧？"那位历史老师说："对这节课，我准备了一辈子。而且，总的来说，对每一节课，我都是用终身的时间来准备的。不过，对这个课题的直接准备，或者说现场准备，只用了大约 15 分钟。"苏霍姆林斯基说，这样的老师太少了，一个区也只有 30 人左右，他们从来不抱怨没有空闲时间。他们中间的每一个人，谈到自己的每一节课，都会说是在用终身来准备的。为此，苏霍姆林斯基说，教师应当每天不间断地读书。如果教师只能做一件什么事情，那就是终身不断地读书……一个老师在刚参加工作的头几年里所具备的知识，与他要教给儿童最低限度的知识比例为 10：1，那么到了有 15 至 20 年教龄的时候，这个比例就变为 20：1、30：1、50：1。这一切都归功于读书。时间每过去一年，学校教科书这一滴水，在教师的知识海洋里就变得越来越小。这里的问题不在于教师的理论知识数量上的增长。数量也可以转化为质量：衬托着学校教科书的背景越宽广，有强大的光流照射下的一点小光束，那么为教育技巧打下基础的职业质量的提高就会越明显，教师在课堂上讲教材时，就能更加自如地分配自己的注意力。例如，老师在讲三角函数，但是他的思路主要不是放在函数上，而是放在一些学生身上。他在观察每一个学生怎样学习，某些学生在感知、思维、识记等方面遇到哪些障碍。他不仅在教书，而且在教书过程中对学生进行智力上的训练。

我走访过几所学校，也都会给教师们讲这个例子，让他们体会其中的教育意蕴。这个例子让我们进一步深思老师的时间的意义，在于不断地学习和积累，通过不断地积累而得以不断扩大自己所教学科的知识背景（包括教学方法、艺术背景等）。所以，教师阅读不是占用了绝对的时间，对教师来说是节约了备课的相对时间，是一种解放。从这个意义上讲，教师可以通过阅读从繁忙的工作中解放自己，阅读时的知识、方法与体验相互交织产生更多的"自我知识"，让我们拥有更多自由支配的时间，有了更多自由支配的时间就会拥有更多创造性的可能。

其实，阅读对于教师，我认为不仅是一种解放，而且是一种"拯救"。由于种种原因，造成了教师不读书的现状，而不读书的严重后果在于，更加造成了教师满身戾气、自以为是、功利性滥觞的盛行，最终阻碍了自己成长，也阻碍了学生成长。我们要努力通过机制、舆论乃至文化的力量引导教师读书，从而拓展视野、展开心灵，让教师获得学生发展了的成就与自我提升的体验，获得一种自明性的幸福体验，这不分明是一种"拯救"吗？

当培训受到教师冷落时

　　只有发展教师才会有学生的发展，只有扎实的培训才会有教师的发展，这似乎都是不言自明的道理。在我工作过的几所学校，我都非常重视对教师的培训，认为这是一个校长良心和责任使然。然而，现实常常是这样的，你讲良心和责任未必就会得到教师们的积极响应，未必会得到理解和支持。我走过几所学校，在设计和推进教师培训的时候都有过这样的遭遇：你的满腔热情到教师那里就显得苍白无力、了无兴趣。比方说，学校辛辛苦苦组织了一次培训，教师们勉勉强强地来了，只是为了出勤，有的是人来了，心没来。在听课的时候，有的在玩手机，有的甚至在打瞌睡。讲演的专家准备得很充分，讲得激情澎湃，而部分教师在下面只为混时间，显得非常无奈，甚至很痛苦，这些都深深地刺痛了我，让我怀疑我这样做是否值得，反思我到底是为了什么？

　　曾经有一段时间，我对此感到非常痛苦，非常失望，有时也非常恼火。但此后又转念一想：老师们为什么不愿意？真的是拒绝学习吗？他们这种无所谓的举动是在和校领导对抗吗？我想，我们还是要走近老师，某种程度上，有的老师也像个调皮的孩子，还没有意识到学习的重要性，或者说培训并不符合其口味，不符合他们自身的需要。如果他完全是被动的，没有参与意识，再好的愿望和培训设计都是徒劳的。

　　我在无锡市凤翔实验学校组织教师培训，前几年走过一些弯路，开始的时候就是有点一厢情愿，我思想上有点"矫枉过正"，逼着教师学习，效果不是很理想。后来我调整了思路，逐渐"往下走""往里走"。九年里，学校请了百余位专家进校开展各类活动，这百余位专家并不都是来开讲座的，有的是小范围的学术交流，有的就是个别辅导，有的甚至是给课题组进行指导，进行个别对话，还有的是给老师修改论文。更多的是现场上课，上完课以后和老师进行互动，此外还有"同课异构"，进行复盘式评课等。这些方式都普遍受到教师们的欢迎。

后来，每年的年初，在教师培训上我都会认真地开教师座谈会，听一听教师的意愿与呼声。还会发放问卷进行调查，综合大家的意见。比如很多老师不喜欢听大学教授的课，更喜欢听一线有教学经验老师的经验介绍。有的不愿意听太多的讲座，觉得很单调，更想听老师上课和专家点评等，喜欢和来做讲座或者上课的老师互动。我的工作就是努力地往这方面靠拢，设计这样的培训活动。培训并不是校长自己一厢情愿的事情，一定要分析主体性的需求，激发主体参与，这样培训才是有意义的。

我曾经有两年兼任教育局副局长，分管全区师训工作。我和师资科两位科长一起，历时一个月做了一份全区的"师训规划"，并于每年年初开展全区教师问卷调查，做到师资培训"问需于师"，根据教师的问卷需求，分层设计校级领导、中层干部、学科教师的培训方案，基于问题培训、研讨答疑式培训、大讲坛等，力求各得其所，取得了良好的效果。

我认为，成人的学习和在校学生学习特点完全不同，具有分散性、个体需求性、实践性、互动性、自主性等特点，学校的培训设计切忌"一刀切""齐步走"，要体现民主性、开放性、选择性，要给教师一些自由选择的空间。当然，也要有"统一意志"，否则有些教师借"自由""选择"等名头无所事事，最后也会一事无成的。

培训方案从研究中来

因为工作比较出色，区委领导说一定要给我一些"政治待遇"，于是从 2013 年开始，我不仅做无锡市凤翔实验学校的校长，还兼任区教育局副局长。教育局在分工时，让我协助局长抓好全区的教师培训工作。

我从来没有做过大范围的师训工作，但是事情总归要担当起来。根据我多年的经验，我觉得全区的师训关系到区里未来一段时间教育发展动力和教育的走向，不能简单化，不能"为训而训"。于是，我和师资科钱科长进行了周密的计划，认为培训必须贴近教师的实际，尽可能采用他们喜闻乐见的方式。在我的推动下，区教育局成立了师训科，大约用了一个月的时间，我们进行了全面调研，设计了调查问卷，向各校发放了数百份问卷，"问需于师"。反馈回来的老师们的需求五花八门，但也不乏许多真知灼见。老师们一致认为，想多听特级教师的课，想多出去走走，多学习外地经验。我们为此花了一个月的时间，制订了全区师训三年规划。

我们精心研制的全区师训方案，主要体现以下诸方面：

（1）在培训对象上，分为学校领导与教师两个层面。在教师层面，分为普通教师、骨干教师两种类型。此外，再分学科。在领导层面，分为学校中层干部和校级领导两个层次。

（2）在培训内容上，我们不仅精选了培训教育教学内容，还广泛涉及教育以外的内容，以开阔教师的视野。

（3）在培训时间上，分为平时与寒暑假两个时段。

（4）在培训形式上，设置全区的"教育大讲堂"，每月一讲等。同时做到点面结合，在注重"面"上培训的同时，还注重"点"上的深化，与南京师范大学的领导与管理研究所展开合作，进行"欣赏型探究实践研究"、区域推动"优质学校群建设"等课题，有效地推动了区域教育生态的改善。

（5）在培训评价体系建设上，我们采取了学校"校本培训百分制考核"的方式。完善了培训的评价标准，把 72 个学时分为两个 36 学分，学校评价 36 分，教育局考核 36 分，扎实完成五年的 360 个学时的考核，激发教师参与的主动性。这既加强了对教师的个人考核，也强化学校层面对教师的督促与管理。

"校本培训百分制考核"制度的实施，调动了各校教师培训工作的积极性。在那几年的时间里，全区的教师培训做得如火如荼，各校教师的积极性都空前高涨。我们的"北塘教育大讲坛"，先后邀请了一大批教育专家来区培训，如美国陶斯学会会长、哈佛大学教授、美国前心理学会会长科尼斯·J. 格根教授及其夫人（其夫人玛丽教授也是美国著名的心理学家），云南省原教育厅厅长罗崇敏先生、山东教育报刊社总编辑陶继新老师、中国民办教育翘楚卢志文先生、北京大学曹文轩教授、华中师范大学郭元祥教授、南京大学崔之清教授等一大批国内外知名学者，给教师们带来了许多新的知识和信息，得到教师们的一致好评，在无锡市乃至全省都产生了强烈的反响。

还有一次，我邀请到了江苏省 42 位中学语文特级教师到区里开展活动，在凤翔实验学校上了许多节公开课，活动场面十分盛大壮观，全区教师可谓大饱眼福。我们还组织了多批次教师赴上海、北京、广州、深圳等地学习交流，并定期组织交流会，比如凡是三人以上到国外学习的，回来教育局都要举行隆重的学习分享会。这些活动均取得了良好的效果并产生了积极的反响。

校本培训误区知多少

当前，各地学校普遍重视校本培训，但也时有步入误区的现象发生。如果不能走出误区，不仅浪费了时间与金钱，而且挫伤了教师发展的积极性，对此必须予以关注。

实践中的校本培训所面临的误区归纳起来，我认为有以下八种类型：

一是"多多益善式"。所谓"多多益善"，就认为有培训就好，甚至越多越好，其实不然。现在教育行政部门普遍重视校本培训，而且又必须要完成一定的经费指标，所以培训必须做。于是在一些学校，校本培训进行得无思路、无重点，眉毛胡子一把抓。凡有培训就派老师去，认为参加活动越多就表明越重视教师专业发展，至于老师参训是否有实实在在地取得成效，培训的效果怎么样，老师是否喜欢，一概不知。这种"多多益善式"的培训进行了一段时间之后，老师普遍不感兴趣，甚至厌烦。这为以后的校本培训，埋下了很多隐患。

二是"头痛医头、脚痛医脚式"。每所学校都会存在各种各样的问题，校长在学校管理中发现问题，特别是教学质量、师资队伍或者校园文化等方面出现问题的时候，为了及时解决问题，到处找"药方"，希望通过一两次的专家报告或者专家"上门指导"，就能够把学校的问题全部解决了（当然这样的校长还是不错的）。我有一个同学做校长，几年前的一天打电话给我，说："学校经过区督导室视导，视导组指出学校教师教育观念落后，希望你能来给老师搞一次培训。"我因工作太忙婉拒了。可几天后他又打电话我，希望我能赶快去。我说，"这不是一两次教师培训就能解决的问题，你要整体思考学校问题所在"。他说，"你来总归比你不来要好吧？你是专家，快来吧，帮我分析诊断一下我们学校的问题是什么，然后我就改进"。我真的是有点哑然失笑，难道我真的有那么大的本事？我后来实在是工作太忙，没能前往，再后来他又打了一次电话，说了些让我听来很不是滋味的话，好在是老同学，我又没能帮上忙，也不好意思计较。

三是"鹦鹉学舌式"。这一种形式主要体现在培训上，没有自己学校的特点，外面学校怎么做，自己学校也就怎么做，表现在简单地把老师送到机构去培训，或者简单地和他校"搭车"拼凑，觉得只要把钱花了就好。于是，班主任或学科教师等，只要收到通知就去参加，学校完全没有自己的想法去抉择。

四是"画地为牢式"。即培训不为别的，就是为了完成上面的规定，即教育局规定的培训按时派老师参加。教育局规定老师每年完成72个学时的培训。年复一年，未必看到老师们有什么进步，学校压根儿就没有把培训当做是教师进步的需求，只是为了完成任务。

五是"休闲娱乐式"。培训没啥压力，去了就好，老师假借培训之名千方百计地创造休闲娱乐的机会，打着培训的旗号，打擦边球、钻空子。这种培训，看似热闹，老师似乎也很喜欢，实则没有任何收获。

六是"纸上谈兵式"。这种培训常常是名头不小，也似乎表现得规格很高。培训中有不少理论方面的课程，但是理论与实践脱节。比如有些学校经常会组织一些论坛，邀请一些专家参加，但都是少数人在那里坐而论道，大多数老师并不愿参与。教师与专家差距很大，无法形成真正的对话。有些活动不结合学校的实际教学问题，只是一些课题研讨，受益面小，往往是空洞地谈论一些问题。一些理论和思辨的问题与教育教学相去甚远，多数老师并不喜欢。

七是"偏好精英式"。即培训不面向全体老师，只关注部分优秀老师，机会总是垂青于一小部分优秀的老师，普通老师没有机会。对此，老师们也有意见，校长说，"我们就是'要让一部分人先富起来'"。久而久之，少数优秀教师得以发展，而普通教师则因为机会太少而失去了发展专业的积极性。

八是"视域狭隘式"。本着教学目的，校本培训只关注专业学科、教育心理学、教育方法等相关教育知识，而忽视教师作为"整体的人"的发展。一个优秀的教师应该是一个知识丰富、视野开阔、人格健全、情感丰富的人，这样的人不能完全"宅"在学校和课本当中，而是"读万卷书，行万里路"的人，是和许许多多的好书、名人经常对话的人。因此，教师应该"走出教育看教育""跳出书本看书本"，获取更多教育之外的科学、人文等方面的知识。那些"只能看到脚下"的人，久而久之会视野狭隘、素养逼仄，跳不出教育的圈子，当然也达不到教学目的，更不能培养出具有丰富核心素养的人。

以上八个误区的存在，反映出当下不少学校领导对校本培训的认识还存在较大的偏颇，其主要原因是对教师的专业发展缺乏全面、深刻的把握，尤其是缺少理论武装，缺少调查研究，对一线老师的发展需求关注不足，仅凭经验想当然，甚至常常是一厢情愿。尤其是对老师的专业成长和教学改革的关系，对学校内涵发展、主动发展的关键性因素的把握，都缺少充分的认识。要走出这些误区，需要对培训有全面系统的把握，尤其是对学校发展与教师发展的关系、教师发展与学生核心素养发展的关系、对老师学科素养与教育素养的关系，进行深入研究，进而进行系统思考与整体的设计，这样才能有效避免校本培训中高耗低效现象的产生。

基于以上的认识，在过去的十年里，我努力研究，探索校本培训之"道"与"术"，常常聚焦"教师差异发展"这个中心，反思改进，创造了体现适切、分层、个性的培训模式，有效地促进了教师的专业发展。

把培训当成刚性的工作

"与其临渊羡鱼，不如退而结网"是我推动学校主动发展的根本宗旨。学校事务众多，但唯教师发展为大。没有教师的发展和进步，没有教师发展观的转变，推动教学改革，促进学校内涵发展、特色发展等都只能是句空话。反之，积极参与培训，教师发展了，学校的发展与愿景也就水到渠成了。抓好校本培训，是抓住了促进学校真正发展的"牛鼻子"。而抓校本培训的原则就是坚持"刚性"，减少"弹性"。

为此，为了把培训工作扎扎实实地往前推进，我首先是加强校本培训的制度建设。通过研究讨论，学校认真地把控好校内的 36 个学时这张"王牌"，激励老师们主动学习。我将这 36 个学时进行分解，大体分为：一是考察学校集体组织、人人均需参与的听专家报告参与情况；二是学校认定外出学习但没有课时证明的外部培训参与情况；三是学校组织的重要专题研讨活动或者大型活动参与情况；四是学校内部组织的高质量视频课参与情况。对这些我们详细记录，认真考察参与情况。重要的培训，我们会提前告知且提高参与的分值，这样老师就会明显感觉到学校尤为关注这次培训。教师培训看似柔性，学不学差距不大，但是时间一长，就不一样了。我校张世成老师原是位很普通的老师，但是张老师特别爱学习，只要有培训，他都一次不落，外面学科活动也主动参加。有人说他"脸皮特别厚"，但他"初心不改"，一如既往，虔诚学习，感动了很多专家，和不少专家建立了联系，慢慢地不少人都和他成了朋友。几年以后，张老师的学科素养与科研素养明显提高，不到十年时间，就评上了特级教师，也获评正高级职称，还成为无锡市梁溪区物理教研员。他是我们区教师主动发展的典型人物。

通过明文规定并严格管理，慢慢地，老师们知道了学校的重要培训是必须参与的，也逐渐体会到了学校领导的用心良苦。更为重要的是，他们在参与培训中有收获了，思想转变了，学习的主动性随之日渐增强。

我们学校每年年初都会有师训工作会议，都会有这一年的老师学习的常规要求，老师慢慢就习惯了，变"少见多怪"为"自然而然"。

无论是校本培训还是区域性教师培训，检验其成效只有一个标准：是否激发了教师"发展自觉"。教师成长的"慢"与"潜在性"等特点，导致了很多学校常把老师培训看做是锦上添花的事，对组织教师培训只要有人参加就行了，有时就只是走过场，这样的培训效果无疑会大打折扣。要想师训取得成效，必须把培训当成刚性工作，要研制比较严格的评价标准，要强化执行，并且坚持到位。不少学校抓质量"手硬"，抓培训却"手软"，时间一长，教师便感觉无所谓，自然就没有什么效果了。

我的深切体会是，和凤翔实验学校同期建的一所新学校，他们校长的观念和我完全不一样，他认为学校只要教学质量（中考分数）。几年后，我校骨干教师数量是他们的三倍，教学质量稳步提升，而他们学校各项工作却一直徘徊不前。对此，我的感受太深刻了。

第五章

培训正道在何方

我想在校园悬挂一个太阳

驱散心中那阴影

校园外大雪纷纷

这里却春意正浓

学校里有一条宽广的长河

溪流缓缓唱向天际

那五光十色的长桥

是老师们成长碾下的足迹

用“两大理念”指引

有一次，和几位老教师聊天，一位老教师问："校长，我们是都快退休的人了，还要参加学校组织的培训吗？"还有一位老教师说："校长，不是我们卖老资格，我们教学经验还是很丰富的，我们能够把课上好就很好了，那些培训什么的，尤其是写论文、写反思就不要再给我们任务了吧！""我们已经错过了学习的黄金时期，过去没有人让我们学习，学习也只是学历进修，现在再学习力不从心，效果也很差，组织学习那是年轻人的事了。我们老同志就做好'守门员'吧！我们把学校交给我们的事情做好就很好了！"又一位老同志接着说道。觉得他们说的都是心里话，我很理解。

教师对学习态度冷淡的现象由来已久，"剃头挑子一头热"，是当下教师队伍培训中最尴尬的一个现象。当下许多学校十分重视教师培训，投入许多精力与财力，可是不少老师热情并不高。我曾经做过调查问卷，老师们认为，"不适合自己"是其中一个重要的原因。这引起了我长时间的思考。

办好一所学校关键在于师资队伍拥有较高的教学水平与较强的专业实力，我认为师资队伍不是一个"常量"，而是一个"变量"，是必须改变，也可以改变的一支队伍。改变的理由有三：一是教师的培养不是一次性就完成的。教育事业生成与创造的特殊性，决定了教师必须不断学习，要不断否定与更新，适应世界的变化与时代的需要。所以，教师这个群体应该是一个学习型的集体，是一个不断发展提升的群体，成长永远在路上。二是师范院校生源素质和培养机制使然。大量"半成品"涌入学校，必须加强应有的培训。三是沉重的"应试教育"压力，使得教师几乎消解了教育理想与激情，面对残酷的学业竞争，赤膊上阵，拼耗体力，被动应对，教育早已陷入"汗水＋耗时"的惨烈竞争模式之中，理想与现实之间差距很大。

结合我多年的教师培训经验以及与教师交往对话的感受，我思考并提炼了教师培训的两个理念：一是"一所优质学校一定是具有教师发展功能的学校"，二是促进教师发展应当"实现全体老师的必要发展和部分老师的充分发展"。

先说第一个理念。何为优质学校？优质学校的基本标准就是"生成性的办学理念""卓越的课程与教学""富有活力的学校管理""高支持性的外部环境"。要达到这样的办学愿景，主要靠人，这背后有一个基本的逻辑，那就是人们常说的"名师出高徒"。教师优秀，学生才能优秀。教师理念新、素养全、技能优、责任心强，学生才有真正发展。所以，一所学校校本管理的切入点，首先是要有一支优秀的教师队伍。他们知识结构合理，具有创新精神和较强的实践能力。所以，学校必须营造环境与氛围，促进教师有效学习。为此，得出第一个基本理念："一所优质学校一定是具有教师发展功能的学校"。

第二个理念，即在具体的教育实践当中，教师队伍中每一个人都是千差万别的，必须差异化建设。从年龄上看，有老、中、青三个组成部分，群体不同；从实践效果上看，有勉强站稳讲台的老师，有一般站稳讲台的教师，有年轻但潜能巨大的新锐老师，有经验丰富的成熟型教师，也有专家型教师。老师成长的需求不一样，每个阶段的重点也不一样，所以学校必须通过适切的、差异化的校本培训，给每一位不同需求的人的发展搭建良好的平台，即获得"适合的发展"，促进每一个阶段性的成长。我多年的管理实践经验告诉我，不管是哪个层面的教师，只要你还上一天讲台，都要更新知识，都要有创造的成分，因为教师劳动的特点决定了他们必须是一个"反思型的实践者"。只要你在教师队伍里一天，你就必须提高自己的专业能力。这既是教师职业所决定的，也是教师的专业责任所在。实践中要将对教师成长的期待转化为具体的培养目标和相应配套的培养措施，通过学校的有效管理来调动各个方面的积极性，让每一个老师都参与培训，从而不断提高自身，让学习"始终在路上"。为此，得出第二个基本理念："实现全体教师的必要发展与部分教师的充分发展"。

两大理念支撑教师专业发展的大厦，一个托底，一个引领向上，相辅相成。正是这两大理念的指引，让我们多年如一日坚持明确而稳健地推动教师队伍建设。

绘制教师成长的"同心圆"

在组织校本培训中，我越来越清晰地认识到，教师成长的因素，不是单维的，而是多维多向的：有集体化的培训，有自己读书修炼，有和教学紧密相关的教研，也有学校制度规范等。因此，促进教师的成长不是简单的"平面"，而是一个"立体"。随着思考与实践的推进，我将之视为一个"圆"。诚如前面所说的，教师群体是一个学习型、富有创造性、始终面向未来的专业性群体，一个合格的老师，他不应该满足于仅做名工匠，按照规定的程序做规定的事情，他应该是一个专业的学习者，他最终的理想应该是成为一个教育家。因此，自我发展，不是外在的要求，而是老师的专业责任，是一种专业的伦理责任。为此，要打造老师专业成长的"同心圆"。

这个同心圆的外层是学校的校本教研制度，体现出教师发展研究之保障功能。通过制度的约束与规范，从外部施加压力，营造出一个校内学习环境，影响与制约教师，使其加强学习。因此，学校要结合校情，研制适合的制度规范。制度体现保底、激励、引领等导向，推进校本培训实施。

同心圆的中层，是教师个体关注课堂研究。要在学校教学思想主张的引导下，在校本教研制度的支持下，主动地"从内部出发"，持续性地，甚至每一天都在意自己的每堂课，既关注整体设计，也关注一些细节研究。我倡导一个优秀教师要做 100 个课例研究。我认为，如果能够坚持做100 个课例研究，这个老师一定会成为名师，甚至成为一个有影响力的专家。教学研究贵在坚持。

同心圆的内层是基于群体培训的个体提升。首先是群体培训，就是学校科学合理地设计培训体系，开展务本求实的培训，引导每一个教师积极参与，促进个体在群体培训中有"节奏"地转化自己。这里的重点是在群体培训中做到"和而不同"，引导教师做好个体的成长规划，促进异步发展。

同心圆的内核是倡导教师广泛而又深入的阅读。这是教师发展的一个"牛鼻子"。首先，学校要建设好图书馆，购置丰富的图书资源。学校图书馆要征询教师意见，关注图书市场，广泛获取图书信息资源，定期购置图书。其次，构建良好的阅读氛围，让人人都能参与读书。在校园设置若干读书角，创造读书环境。再次，形成阅读管理秩序。阅读不是偶尔为之，而是持续地进行。激发教师读书兴趣，进而养成阅读习惯。最后，经常开展阅读分享活动。鼓励积极阅读的师生，让其分享读书心得和阅读经验。

校园悠悠万事，唯有读书为大。校长抓校本培训的最要紧之事，莫过于引导老师读书，努力地让阅读成为校园的"宗教"。

校本培训的"顶层设计"

校本培训并非人们所理解的"请专家上上课""听听讲座",而是一个系统工程,需要从顶层进行设计,需要从宏观上,甚至从战略上想清楚、说明白。顶层设计就是从整体出发,做到目标明确,程序清晰,重点突出,这样的培训才有效。有效的培训,才能有效地培养出各个层次的优秀教师,实现教师群体化优质发展。

如何进行校本培训的顶层设计呢?

学校顶层设计的前提,是要理解顶层设计的意义。顶层设计对于学校来说,其重要意义在于"想得明白",知道"想要干什么"。我认为有几个重要的文本必须要有:首先是学校章程,其次是学校阶段性发展规划(短期,或中期,或长期),再次是领域行动计划,最后是学校每年或者学期的工作改进计划,从上至下实现贯通。按照此逻辑,在学校的发展规划、行动计划以及改进计划中,都要突出校本培训的目标、重点要求和操作方式,实现一以贯之。

顶层设计首先要分析校情,把握"家底"。在分析校情的基础上,从学校的育人目标出发,做到与传统基础适应、与教师基础适应、与定位适切的宏观规划适应。当初我在制订校本培训规划时,分析校情的时候重点围绕"新平民教育"的办学理念落地需要老师有怎样观念与教育策略,再进行定位。

其次,坚持"问题导向",要解决学校实际问题。围绕"新平民教育"实施,从德育、课堂、文化等,由理念到操作体系,再到实践操作样态等,需要教师拥有怎样的素质,采取怎样的行动,怎样培养,都值得思考。

三是与多元化发展相适应。学校发展,学生成长是持续性的,培训当与此相适应。要以基础教育课程改革纲要为依托，以更新教师教育观念为导向，以核心素养教育为重点，以提高教师的课程能力为主线，促进教师课程能力的提升。实现校本培训的个性化和特色化，这就需要上下互动。校长不能闭门造车，一定要做一个优秀的培训设计师，承担总设计师的责任，积极引领，并带动教师积极参与。校长应当在专业引领上成为一个平等的研究者，在资金支持上是一个主动的服务者，为教师提供民主、开放、自由的空间，给他们提供一个展示自我、彰显个性、主动发展的平台。

校本培训设计要体现老师的需求，要"问计于师"。在设计培训方案之前，要进行问卷调查和座谈研讨，了解老师的真实想法与需求，寻求化解学校发展矛盾之道，体现出培训的针对性与实效性。教师在每一个阶段，其发展是有规律可循的。根据国内外相关研究发现，教师工作的 1~3 年是"新手期"，4~10 年是"发展期"，11~15 年是"成熟期"，16~20 年是"专家期"（衰退期）。每一位老师的发展方向和重点都要有针对性，有差异、有重点地发展教师群体。教师专业发展是一个系统工程，有一个从低到高，像阶梯一样拾级而上的过程，我们要循序渐进。

这里值得强调的是，校长角色举足轻重，定位要准确。在顶层设计中，校长是"总舵手"，开展各项工作要深思熟虑，统筹安排，在各个层面上、各种角色中为教师培训创造条件，为教师自身素养的全面提升积极搭建平台。

建设一个"良师工程"

"做学生的良师益友,创平民教育品牌",是我在过去十年追寻的一个重要价值方向。为了推动"新平民教育"实践,我积极寻找抓手,推进教师发展的"良师工程"。这项工程旨在积极营造民主和谐的管理氛围,尊师重教、知人善任,让教师在工作上有归属感、成就感,从而打造出一支结构合理、经验丰富、业务优秀、竞争力强的"高素质、高品位、高追求"的良师队伍。

良师工程是为了提升教师的专业素质,为学校发展蓄势,为学生成长助力,促进"全体教师的必要发展与部分教师的充分发展",引领教师获得幸福的教育人生。使参与该项工程的教师们的师德高尚、教学能力得到不断提升,并能坚持自己平凡的岗位,挚爱自己的事业,尊重学生。通过陶冶师德师风、实施良师成长计划、为青年教师搭建展示舞台、制定良师标准、研制评价规范五个层面的具体活动,促进教师"做学生的良师益友,创平民教育品牌,成教育幸福人生"的队伍建设目标。

一、陶冶师德师风

师德是教师的职业道德与操守;师风是指教师群体的行为风尚。师德师风是教师最重要的素质,是教师为人师表的灵魂。教师的理想信念、道德情操、人格魅力直接影响学生思想素质、道德品质和道德行为习惯的养成。学校将努力打造一支"有朝气、有活力、有凝聚力、有战斗力"的队伍,弘扬正气,促使老师爱岗敬业、热爱学生、创新实干、严谨治学。

二、实施良师成长计划

师德高尚、教学能力不断提升，坚守平凡的岗位，挚爱自己的事业，尊重学生并助其成长的教师都是良师。为此，我们要加强校本培训，提高教师教育教学及科研的整体水平。积极营造民主和谐的管理氛围，尊师重教、知人善任，在人尽其才中使更多的教师在工作上有归属感、成就感。通过有序推进"良师工程"，让更多的老师在工作中获得成就感，在学校里获得归属感，并由此产生职业幸福感，教师队伍也会随之呈现更好的精神状态。

1. 构建科学合理的教师评优系列

对教师专业发展给予适切的肯定与激励，是激发教师成长内驱力的重要基础性工作。学校积极鼓励教师教书育人，发展专业，成就教育人生。学校也积极建构校本化的评优机制。每年评选"学校年度人物"（10 人），并对其进行表彰。同时在每年年终开展凤翔辅导奖、凤翔特色奖、凤翔创新奖等奖项的评比活动，其中突出对教师阅读、教育科研、教学改革、轻负高效类的奖励。在此基础之上，条件成熟时，还会评选"凤翔卓越教师"。通过塑造科学合理而又奋发有为的良师群体，把学校办成一个"给人希望，给人梦想"的理想精神家园。

2. 构建适切的教师专业发展激励机制

结合学校教师实际，加强教师发展的计划性，对青年教师"量体裁衣"，为每人制定个性化的三年期发展目标。目标的制定体现了双向互动、三年达标。三年后实施考核，并给予奖惩。

3. 构建校内良师评价标准，实施有效评价

学校自下而上，广泛征求教师意见，讨论形成符合广大教师意志的"良师标准"，并形成良师评选方案，结合年度"教师专业成长记录袋"的实施，每年进行一次考核，评选学校年度良师，给予表彰。

三、为青年教师搭建展示舞台

青年教师是学校教师队伍的一个重要组成部分，是学校事业发展的希望，是学校可持续发展的有生力量。青年教师的思想政治素质、业务水平

直接关系到学校的生存和发展。对青年教师的培养，其内容主要体现在全面提高青年教师的政治素质、师德修养、业务能力，使之成为能独立承担教育、教学工作的骨干。具体表现在：

1. 青年教师制订规划，定期汇报

要求青年教师（35 周岁以下）每年制订一个略高于自己能力的发展规划，并在学年末向学校汇报实现的情况。

2. 青年教师通过实施项目推进

具体项目有：①教师项目研修中心。②苏霍姆林斯基教育思想研究学习会。③创建名师工作室。④举办"无庸读书会"，在职称、荣誉、专业头衔上实现量的扩展和质的提升。

3. 学校定期对青年教师进行综合能力培训

可以选派教师参加市、省、国家骨干教师的培训，也可以与名校对接，选派教师前往蹲点学习。通过培训，使青年教师成长为德才兼备的教育骨干，不但会教书育人，还能学会创新管理。

4. 学校为青年教师的成长指定导师

学校充分发挥"师承效应"作用，尝试"一师一徒""一师多徒""一徒多师""转益多师"等扶持青年教师成长的举措。既充分发挥老教师的带教作用，又让青年教师博采众长，使一批"良师"能脱颖而出，学校教育教学质量因师资队伍的提升而稳步提高。

四、制定良师标准

为了推进良师工程建设，学校研制了以下五条良师标准：

1. 尊重规律、充满爱心

以学生为主体，把促进学生成长成才作为学校一切工作的出发点和落脚点，尊重教育规律和学生身心发展规律，为每个学生提供适合的教育；自信地走近学生，寻找与学生交流与沟通的桥梁，自觉地去研究学生，发现他们身上的优点，从而把学生纯真的心灵开启，把学生智慧的火花点燃。

2. 风趣幽默、注重细节

善于从教学内容和教学情境等方面去寻找契机、选好素材，恰当把握和运用语言的幽默艺术，让每个学生能在愉快、轻松的氛围中学习；注意细节，并对其进行感知、洞察、思考，灵活地运用教育策略和技巧，适时、适度地处理好学生之间发生的种种问题，并转化为美好的教育故事。

3. 投身课改、积极主动

积极投身于"本色课堂"建设，对学校各项教学改革做到"真信、真懂、真用"，力求在课堂上为学生提供自主学习、合作学习和探究学习的时间和空间；教学过程中认真研究和反思目标的确定、导语的设置、问题的提出、课堂练习的选择、学生的掌握程度等问题，还课堂为学堂。

4. 关注科研、提升效能

确立"问题即课题—教学即研究—成果即成长"的理念，结合平时教学实际不断地去探讨、解决教学过程中出现的问题，从中提高自身的专业能力；立足课改现实，不断尝试新的教学方法、教学策略；立足校本培训，创设多种活动方式；立足自身发展，进行恰当的教学归因，不断增强效能感。

5. 热爱学习、知书达理

胜任自己所教学科，博览群书，涉猎多种知识，具备多方面的知识才能，最大限度地满足学生的求知欲；通过各种途径学习，严格规范自己的言行，在个人修养、心理素质、专业素质等方面加强学习与提升。与同事和谐相处，给学生做表率，在社会上做个好公民。

五、研制评价规范

在具体实施上，我们研制了以下的达标要求：

1. 明确行为底线

把师德作为"良师工程"的核心，切实做到无锡市北塘区教育局提出的要着力解决师德建设中的突出问题，切实做到八个"严禁"：严禁体罚和变相体罚学生；严禁从事有偿家教和到社会培训机构兼职取酬；严禁以任何形式要求家长送子女到相关机构或老师处进行补课；严禁增加学生过重学业负担和热衷于学生考试成绩排名；严禁以任何形式向学生推销教辅资料及其他商品；严禁索要或接受学生、家长给予的现金、礼品、有价证券等；严禁上班期间玩游戏、网上聊天和炒股；严禁敷衍教育教学，从事与教师身份不符的活动。对此，学校将严格执行"师德一票否决制"（此项评价占比30%）。

2. 建立良好的师生关系

关爱学生，尊重学生人格，爱护学生身心，注重学生良好习惯的养成教育，不歧视学生，不对学生做有侮辱人格尊严性质的行为，关爱每个学生，关心学生的身心健康，特别是学习上有困难或品行上有偏差的学生，学生测评满意率达80%以上。热情接待家长来访，并积极给予帮助和指导，做到学生家长零投诉（此项评价占比20%）。

【典案例证】

不！我自己来讲

在一次成果交流汇报课的课堂上，各研究小组都派出了口才好的代表进行研究成果的展示汇报活动。眼看就要下课了，可还有一个小组没有汇报，薛成钢老师有点儿焦急。当最后一组的代表走上台的时候，薛老师悄悄跟他商量说："要不我来帮你讲吧？""不！我自己来讲"，该同学坚决地说，毫不犹豫地拒绝了老师的"好意"，坚持自己完成。

综合课程不仅锻炼了学生的实践能力、合作能力、创新能力，也锻炼了学生坚持主见、展示个性的勇气。

临近寒假了。

"同学们，本周是我们最后一次上课，下周综合实践活动课程就结束了，请大家做好本课程的结束工作。"薛成钢老师讲完，教室里传出一片讨论声。

下课铃响，两位女生急匆匆地找到老师，说道："老师，我们小组还没有汇报研究成果呢！？"

原本以为学生不会在乎一次小小的成果汇报活动，但是看着她俩着急的样子，薛老师知道自己的想法错了，同时感到非常欣慰且感动，说："放心！下学期开学时，一定让你们先汇报，然后我们再开展新的研究活动。"真是"学生无小事，老师要上心"啊！

在今天，让教师转变观念，树立"以生为本"的思想，还是不容易的。实际上，很多教师都是在论文里或者其他会议场合谈论"以生为本"的，在真实场域中确实很难做到。从这个案例中我们显然可以看出，教师尊重学生，师生平等对话，良好的师生关系跃然纸上。"学生无小事，老师要上心。"朴实的话语中折射的是对学生人格的尊重，读来令人敬佩。

3. 倡导研究"本色课堂"

"本色课堂"是以学生为主体，让学生主动、自主学习的课堂。通过组织教师积极开展"本色课堂"教学评比、观摩活动，引导全体教师按照"本色课堂"的理念积极开设研讨课，组内进行听课、评课活动，努力提高课堂教学效率（此项评价占比 20%）。

4. 积极参与教育科研

积极参加课题研究和校本培训，撰写教育教学论文（案例、教学设计、教学反思、课题报告），每学期至少一篇，认真完成各项科研任务；勇于承担公开课、研究课、示范课，热心指导青年教师，按要求参加各级各类继续教育培训（此项评价占比 20%）。

5. 不断提升人文素养

自学完成读书笔记和心得体会，定期组织读书分享会，教师们积极分享读书心得，每人每学期需读一本书，完成读书摘抄 3 000 字，读书心得 2 000 字（此项评价占比 10%）。

当然，客观的外在要求必须转化为教师的内在追求，进而逐步形成教师的行动自觉而不是通过外部强制逼迫就范。学校通过重要活动或仪式宣读教师宣言、先进事迹宣讲、榜样人物树立等多种方式，形成良师成长文化。

校本培训讲原则

　　当前，"校本"一词过于泛化，几乎与"学校工作"成为同义语，大家在话语方式上动辄就会谈"校本培训""校本课程""校本教研""校本管理"，而实际所做的都是高度同质化的内容，有的甚至俗不可耐。对此，我是持有异议的，因为这有悖于"校本"的初衷。"校本"一词的本义是追求学校的自主性、个性化、独特化发展，成为独特的自己，而泛化之后的"校本"则变得千篇一律。为此，对于把学校所做的所有事情都往"校本"的"筐里"装的做法，我以为是不妥的，这是对"校本"的严重误解。

　　为了消除此类的误解，以校本培训为例，我以为必须遵循以下八个基本原则。

　　一是校本性原则。即"以校为本"的原则，要从"校本"的三个原点出发：为了学校、基于学校、在学校中。"为了学校"是校本培训的目的，聚焦于学校的现实发展问题，力求破解发展中的问题；"基于学校"是从学校实际出发，强调的是校本培训的起点意义，强调实事求是地研究自己的问题；"在学校中"是解决学校问题，强调的是校本培训的实践性。

　　二是主体性原则。校本培训是促进教师发展的必由之路，全校教师必须主动参与，凸显教师的主体意识。这里既有全体教师的必要发展，也有部分教师的充分发展。如果没有教师作为主体的主动参与，或者说是迫于无奈，那么就失去了校本培训的意义，也就从根本上不存在什么"校本"了。

　　三是实用性原则。也就是说，校本培训不是为了培训而培训，不是为了完成任务而培训，不戴"花头巾"。培训要贴近当前教育改革和发展的实际，贴近学校教育教学的实际需要，要本着以教师需要为基本原则，采取老师可以接受，能够解决学校的实际问题，为广大教师"喜闻乐见"的接受形式来展开。

四是改进性原则。校本培训是贴近学校实际的，能够影响甚至震撼教师，能够给予教师新的教育价值，给予教师教育教学"方法论"，能够"拨动"教师的心弦，培训后能影响和促进教师真的能有所改变。

五是差异性原则。培训设计与实施能够考虑到全校不同层面老师的实际情况，体现出一种差异的满足。如老、中、青教师，优秀、一般以及薄弱的老师等。培训应该是立体化的，有点、面、体等，让老师吃上"可口的自助餐"。

六是层次性原则。这里的层次性，是说培训要分别考虑到培训内容与方式等问题，包括教育思想理念层面、教育科学研究层面、教育工具等实操层面。当然，还要考虑逻辑问题，即阶梯式螺旋上升问题。

七是开放性原则。校本培训不仅在校内进行，也要考虑到校外，如外校的学习取经；不仅着眼于眼前，还要着眼于长久，如教师的理论系统化学习；不仅着眼于考试，还要着眼于师生长远发展；不仅着眼于某一群体的老师，还要着眼于全体老师。同时，在学习时间、空间、方式及载体等方面都要从封闭走向开放。

八是协同性原则。协同性原则指涉及校本培训的方方面面都应该体现出协同配合。如学校前勤和后勤的协同负责；领导层、中层干部和教师层面的协调配合；教师的个人成长与学校集体发展的协同；老师进步和学生成长的协同；教育理论提升和教学实践进步的协同；教师通过培训，在理论、实践、素质进步与教学成就的协同等。

以上这八个原则，是对校本培训的方向、边界、外延的规定，尤其突出"校本"的价值。实践中做起来是有困难的，但只要方向正确，边界清晰，就一定可以取得应有的效果。

校本培训中的校长责任

　　现行教育管理体制下，对学校所有工作的评估，校长都是第一责任人，校本培训工作自然也不例外。实践证明，校本培训是教师成长的重要平台。教师成长，可以通过校本培训来实现。而教师的专业成长，是校长专业责任六大要素中非常重要的一个要素，校长必须义不容辞地扛起促进教师专业发展的责任。

　　每一所学校的校本培训，从目标确立，到培训原则规定成形，再到各种教师发展资源的找寻，以及到培训实施与评价等，无不体现校长的关键作用。2009 年，我和教育局长周逸君以及分管局长马晓慧两次到南京，找到江苏省教育科学研究院领导，几经努力，成功举办了江苏省教师专业发展高层论坛。其后，我又请局长出面，到南京与有关教育科研部门商讨，才谈妥"教师项目研修"的项目，邀请国家督学成尚荣先生、张晓冬博士、王一军博士每月一次到学校指导教育科研。2012 年，我多次往返南京，协调召开全国性的"学校优质均衡与特色发展高层论坛"，为教师提供展示的机会。那一次，我们有十几位老师在会议上上展示课，省里颁发他们证书。从 2011 年开始，我诚挚邀请吴盘生先生（中国陶行知研究会、苏霍姆林斯基研究会会长，曾经借调到外交部派往乌克兰大使馆任一等秘书）做我们的"苏霍姆林斯基教育思想研究学习会"的顾问。为了让教师们学有所得，我充分利用挖掘资源，带领教师奔赴各地学习取经，都得到了对方的热情接待。

　　在几年前，学校有一个音乐老师调到其他学校。有一次她回到我们学校，对其他老师说："我现在新学校校长所讲的理念，是我们老校长五年前就说过的话。我觉得在现在的学校，我的教育理念就很新。"可见，这个老师在我们学校得到的发展进步是在现学校所不能感受到的。她的这些话，是对我的鼓励和鞭策，我感到很欣慰，当然也从中体会到，其实一所学校所需要的发展，包括教师发展、校本培训的进步，校长的作用至关重要。要起到真正的引领作用，校长的思想观念和价值在很大程度上引导教师向什么方向发展。

我经常去学校综合实践组"串门"，这是一个"杂凑班子"，因为这七个教师教授的课程是信息技术教育、劳动与技术教育和研究性学习，只是原因"相近"才安排在一个组，几位老师专业素质都不错。每次我都会坐下来，和他们交流一会儿，也顺便鼓励他们做点"分外"的事情。于是，"三科整合"教学探索就诞生了。

【典案例证】

教师研修平台开出"学科整合"之花

在教师研修中心的一次会议上，许校长强调，教师是学校发展的核心要素，只有教师得到了充分的发展，学校才会有长久的发展。发展教师，改革课堂，以学习习惯为核心的习惯养成，这是这几年我们课题研究中需要注意的地方。

在教师研修中心参与学习期间，在许校长对学校课程发展思想的引领下，我开始反思我所在的综合实践活动课程的发展方向。

江苏省综合实践活动课程实施是分成三门学科进行的。经过研究，我们发现"三科分立"模式，不仅不符合《中小学综合实践活动课程指导纲要》的要求，而且还存在很多弊端（到目前为止也还是不符合），主要表现在：①信息技术教育学科的教学仍是沿袭应试教育的"讲—练"形式，"只学不研"，低效且枯燥无味；②劳动与技术教育学科浅尝辄止于简单的"模仿操作""只做不研"，很难有效提升学生的实践和创新能力；③研究性学习学科以课题研究的形式开展教学活动，因课堂资源和条件的限制，很多研究活动只能放在课外，一般只有部分学生能自觉利用课余时间参与研究活动，而课堂时间往往没有活动载体可具体操作，"只研不做"，徒有综合实践活动课程的形式而少有综合实践活动课程的内涵，变成了少数人的"负担科目"。

能不能把信息技术教育、劳动与技术教育、研究性学习这三门学科整合起来？许校长大力支持了我们的想法，给我们的课程改革注入了强大的动力。在许校长的支持和指导下，我担任课题《综合实践活动课程"学科整合"的实践研究》的主持人，于2013年成功申报，成为江苏省规划办的重点资助课题。

我们开始了大刀阔斧的课程改革，对综合实践活动课程的内容、师资、课时等进行整合。课程以学生为中心，以贴近生活的课题研究活动项目为载体，如《我们的学校》《奇妙的电子世界》《认识计算机》《惠山古镇》《纸飞机的研究》《创意与创新》等。以研究性学习为方式，以信息技术、劳动与技术为手段，以社区服务和社会实践为途径，保证一周有3个课时排入课表，把信息技术教育、劳动与技术教育、研究性学习这三门学科整合起来，把社区服务与社会实践内容融合进去，形成"三门学科四项内容"的整合。

一、一专多能教师团队的形成

在课题研究思想的带动下，在领导和专家的关心和帮助下，经过几年的发展和努力，学校综合实践活动教研组的老师们获得了多项荣誉，取得了显著的个人发展。

吴桢老师原来所任教的学科是劳动与技术教育，中级职称。经过课题研究的锻炼后，学习了信息技术教育和研究性学习的技能知识，轮岗交流到刘潭实验学校交流，立刻担任综合实践活动课程的教研组长，获聘为北塘区劳技学科兼职教研员，2015年评上了高级职称。

薛成钢老师是学校综合实践活动教研组组长，信息技术专业，中级职称。有了几年课题研究的经历以后，学习了劳动技术教育和研究性学习的技能知识，参评获得"无锡市教学能手"称号，成为骨干教师，于2015年评上中学高级职称，所带学生多次在国家级、省市级竞赛中获得奖项。2014年参编《初中信息技术创新导学手册》（无锡市地方教材）；2017年受邀参编《综合实践活动》（省级免费教材）。

沈妹红老师原来是教授信息技术教育的普通老师，有了课题研究的经历以后，学习了劳动技术和研究性学习的技能知识，历任劳技备课组长、信息技术备课组组长，参加无锡市综合实践活动基本功竞赛，获得市二等奖。所带学生多次在国家、省市级竞赛中获得奖项，荣获"江苏省科技教育优秀教师"称号。2014 年参编《初中信息技术创新导学手册》（无锡市地方教材）；2017 年受邀参编《综合实践活动》（省级免费教材）。

蒋继征老师原来是学校教授信息技术教育的普通老师，有了课题研究的经历以后，学习了劳动技术教育和研究性学习的技能知识，参评获得"无锡市教学新秀"称号，成为骨干教师，撰写的论文发表在国家级刊物《中国信息技术教育》上，竞岗获聘总务处副主任职务，成为学校中层干部。所带学生多次在国家、省市级竞赛中获得奖项。2014 年参编《初中信息技术创新导学手册》（无锡市地方教材）；2018 年顺利评上了高级职称，并成为江苏省综合实践学科中心组成员。

吴洪明老师原来是研究性学习备课组组长，有了课题研究的经历以后，学习了劳动技术和信息技术的技能知识，获聘北塘区研究性学习学科兼职教研员，撰写的多篇论文都得以发表或获奖，被评为综合实践活动无锡市梁溪区学科带头人。2014 年参编《初中信息技术创新导学手册》（无锡市地方教材）；2017 年受邀参编《综合实践活动》（省级免费教材）、《初中综合实践活动》（省级收费教材）、省级 STEAM 项目教材；2018 年顺利评上了高级职称，并成为江苏省综合实践学科中心组成员。

二、设计开发教学作品能力的增强

综合实践活动"学科整合"带来了教学理念和方式的变革，让老师们带着发现的眼光看教材、看学生、看世界，不断改进、设计和开发出符合需要的教学作品。

在制作 LED 小台灯的时候，首先需要老师自己能研究制作台灯作品，才有能力指导学生研究制作，这对非劳动与技术教育学科的综合课老师来说是不小的挑战，但也是促进他们能力发展的好机会。计算机专业出身的蒋老师在研究制作台灯的时候，发现台灯在使用外接电源时容易过热烧毁。经过计算、设计、实验，他提出串联一个 10 欧姆电阻进行分压的改进创意，并验证成功。如今，第一盏经过改进的台灯，静静地摆在办公桌上，陪伴着蒋老师每天的办公，它不但避免了过热烧毁，还见证了蒋老师创新发明能力的增强。

青少年电子技师项目是我校科技教育的一个特色，但是传统的电子制作采用现成的专用线路板，学生只需按图插接即可焊接完成。学校教研组一直在思考如何在常规的电子作品制作之外，开发出可以使用通用线路板进行创作的电子作品。吴洪明老师就设计开发了这样一个新作品——验钞灯。这就像让学生在一张白纸上进行创作，需要经过反复探究、设计、修改，才能安装、焊接，最终完成这个作品的创作。"海阔凭鱼跃，天高任鸟飞"，同学们经过自己努力思考设计出来的电路，各不相同，各有特点，使"电子制作"向"电子创作"转变，充满了无限的想象空间。

"星星之火，可以燎原。"许校长为全校教师创办的教师研修中心，现在已经成为全校师生掀起教育教学改革浪潮的先锋平台，而《综合实践活动课程"学科整合"的实践研究》只是其中一朵小小的浪花。

这个案例中不难看出，教师自身蕴藏着巨大的创造可能，关键是校长要能发现、欣赏与支持。期待他们成为什么，校长就给他们搭建什么样的平台和支持，把他们引向什么样的高度。

校长首先必须是校本培训蓝图的设计师，在校本培训中，要担当起三个方面的责任。一是真正重视校本培训。把教师发展放在突出的位置，这就体现在平时管理过程中，教师学习、进修、教研、组织活动等方面，一定着眼于教师的"再生"。二是准确定位校本培训。师资队伍发展定位，摸清家底，知晓教师需求。校长及其领导集体需要认真研究学校校本培训的方向、重点、目标、节奏等要素，尤其要发挥校长的价值引领作用。三是发挥评价作用。如何激发校本培训的动力，如何通过适切的评价促进校本培训的展开？这都需要校长的研究与思考。同时要关注经费资源保障、专家资源建立、信息技术平台搭建等，校长要进行认真的协调或组织。

其实，综合实践组的人际关系也是最为融洽的。薛成钢老师为人忠厚，务实苦干，带动了组员也务实苦干。最为重要的还不是他们在一起具体做了什么，而是他们之间"关系"的建构。事实证明，教师之间的学习合作重要的是看他们之间是怎样交往的，即他们之间"关系"如何。我认为是先"交往"，再合作，"关系优先"。正如哲学家伊壁鸠鲁所说，"凡智慧能够提供的助人终身幸福的事物之中，友谊会超过一切"。

第六章

量身定制促发展

人生愉悦自己的一个理由

叫爱上这行

那就做个精英吧

同样活得有滋有味

同样活得神采飞扬

心灵犹如玻璃一般

空灵纯净

思想却像奔跑的河流

知晓方向

引导教师制订个人发展规划

有人说："一个人一般不可能超越他自己所设定的目标！"

也有人说："如果没有伟大的目标，那么每一天都生活在琐碎与迷茫之中。"讲的都是目标的价值与意义。我们都曾经听过这样一个故事：一个工地上有三个工人在做同样的工作，有人问他们在做什么，第一个人说："我在砌一堵墙。"第二个人说："我在参与盖一栋房子。"第三个工人说："我的工作很重要，我在建设一个崭新的城市。"三名工人做同样的事情，但是对未来的思考和理解完全不同。这是一个很好的关于教师专业发展的隐喻。教师成长中没有教育的理想追求，就很容易纠缠在做琐碎的事情上：如只为了上一节课，教一道题目等。有教育理想与情怀的人则不一样，他就会把同样的一件事与成就生命、创造未来联系起来。所以每个人对自己所从事工作的意义的认识，决定了他能够走多远。现行的职场中，有很多老师一辈子就只看到每一天做的具体工作，很少能立足长远去想象自己能够成为什么样的教师，更很少有人能够描绘 15 年、20 年、30 年后自己的教师模样。于是，出现了太多这样的教师：教 30 年的书，后面 29 年都是对第一年的重复。因此，作为学校，要引导教师对自己的未来有理性清晰的认知，引导教师做好个人发展规划。帮助其建立专业发展规划，目的就在于引导教师"看到未来自己的模样"。

激发教师专业理想，引导老师进行自我反思，从而帮助教师确立个人发展目标，这包括以下六个步骤：

第一，进行自我评估。要"认识你自己"，这包括自身的基础素质、成长环境、现有水平等方面，尤其是对自己的优点与不足要分析到位。

第二，确立目标，包括确立工作目标与生活目标，如做教学能手、学科带头人，或者在自己的教学当中的某一个领域有所探索和创新，成为该领域的教学专家等。

第三，确立专业发展的内容与形式。即准备发展哪些方面，着重发展哪个方面。根据自己的实际，确立发展的重点方向与领域。比如，用三年时间，提高文字表达能力，或者提高解读文本能力，或者提高教育思辨能力等。

第四，制订自我行动计划与实施策略。也就是目标实现的具体做法，如有计划的阅读，进行明确性的课例研究、课题研究，寻求有针对性的专家指导等。

第五，实施线路计划。确立推进的时间表、主要事件完成节点，想要实现的实践成果，明确阶段的划分、重要节点安排等。

第六，评估与反馈。同伴、学校定期给予帮助或评价，给出建议或意见。

个人培训规划一般包括以上这六个方面。我们可以做短期的个人专业发展规划，如一年规划；也可以做个人中期发展规划，如二至三年；还可以做五年发展规划，即个人长期发展规划。一般情况下，我们用表格的形式来呈现规划。对教师的个人规划的管理，我主张建立教师专业发展档案，既可以建立电子文件夹，也可以建立网络化的平台。教育是一门"回头看的艺术"，这就需要用专业的视角来看。相应地，学校有必要建构一本《教师专业发展手册》，对老师的专业水平进行评审。评审可以采取自评、互评与学校评价相结合的方式。

2018年下半年，我在广州市华侨外国语言语学校引导教师做个人专业发展规划和学科组发展规划。在做之前，先进行教师专业发展规划专题培训。我把自己的专业发展规划作为范本提供给教师们做参照，并让两位副校长介绍他们的专业发展规划，教师们再听我讲解。如此，教师们便非常清晰地知道如何判定专业发展规划。整个培训收到了很好的效果。

建立教师专业发展组织

多年的教师培养实践经验表明，建设教师喜闻乐见的专业发展组织，是促进教师成长的重要平台。学校基于自身实际，恰当运用自身资源，坚持多样性、适切性、选择性、激励性等原则，把教师吸引到相应的平台上，有效地促进教师发展。在过去的十年实践中，我们组建了以下一些专业性的教师发展组织。

一、教师项目研修中心

学校秉承"优秀的学校一定是具有教师专业发展功能的学校"的价值追求，提出"全体教师的必要发展和部分教师的充分发展"的教师发展战略，与省教育科学研究院基础教所开展合作，成为教育科研实践基地学校，并成立了"教师项目研修中心"。点面结合，立体推进。该中心以考试的形式严格选拔学员，以教师专业成长为切入点，以任务驱动为主要途径，以学科和项目为载体，每年围绕一个重点，通过深入系统的研修，激发中青年教师的主动发展意识和内在发展动力，促进品牌教师的成长。学校计划通过三年一个周期，滚动培养，形成一支数量可观、结构合理、梯次明显、质量较高的骨干教师队伍，从而以点带面，影响、带动全体教师共同进步，进而优化学校师资队伍结构，提升内涵发展水平。教师项目研修中心的第一批36名研修学员按照学科分为语文、数学、英语、人文、科学、艺术六组。学员们在专家的指导下开展了二十余次活动，全体学员根据自己的实际情况，制订了个人三年主动发展规划。三年多来，学员依托学校申报的江苏省教育科学规划重点资助主课题"学校主动发展实践中教师教学惯习转变的实践研究"，结合学科教学实际进行深入研究，进一步转变教学观念及教学方式，提高教师的理论素养和业务能力。

二、学校教师读书会

学校以引导教师"过一种幸福而敞亮的教育生活"为价值追求，努力丰富教师的精神生活，成立"凤翔教师读书会"，创造多彩的阅读生活，推动教师形成阅读的良好习惯。学校提出"悦读凤翔、书香凤翔、文化凤翔、品质凤翔"的口号，努力营造阅读氛围，使读书、教学、写作成为教师的生活习惯。校长不定期推荐文章、书籍，提出必读与选读的要求。学校对校级领导、中层干部、骨干教师、一线教师、后勤管理人员分别推荐了不同的书并提出了不同的要求，让每位教职工坚持理论联系实际、学以致用的原则，做到读思结合、读议结合。同时对具体类型的教师开出不同的书单，提出具体的要求。学校将"营造书香校园"的课题正式纳入常规的教学管理工作中，对教师的读书要求也进一步明确：教师每年必须阅读8本书，其中至少有一本是专业书，完成20 000字读书摘抄，完成不少于5 000字的读书心得，并结合自己的实际工作，撰写一篇不少于3 000字的论文，每月进行一次"悦读"分享会。几年来，教师们先后有计划地读完了《爱弥儿》《爱的教育》《细节决定成败》《做最好的中层》《致加西亚的信》《教育是没有用的》《中国最佳教育随笔》《不跪着教书》《教育碎思》《守望教育》等书，并撰写了千余篇高质量的读书心得。学校把教师的阅读情况纳入年度考评活动，从制度上督促教师阅读。

三、苏霍姆林斯基教育思想研究学习会

苏霍姆林斯基是中国教师崇敬的教育家之一，其扎实原创的教育理论与丰富的教育实践，影响了很多教师。尤其是苏氏的"教育人道主义"思想，对我校开展的"新平民教育"指导性更强，因此，对他及其思想的研究就显得重要与迫切。最初，我在学习以及各种活动中，也发现中小学校长、老师比较多地在表达中运用苏霍姆林斯基的观点与话语。无独有偶，我校退休老教师吴盘生先生，二十世纪八九十年代在乌克兰大使馆做一等秘书，多次接待国内专家学者到苏霍姆林斯基生前工作过的巴甫雷什中学考察，而且吴先生和苏霍姆林斯基家人之间的友情深厚。凡乌克兰来中国

交流的校长、教师、学者等都是吴先生负责接待与翻译。近些年来，吴先生也多次组织国内的学者，如张阳生、孙孔懿、李镇西等到乌克兰进行教育交流。2011 年，乌克兰巴甫雷什中学的德尔卡其校长，乌克兰苏霍姆林斯基实验学校校长、乌克兰教育科学研究院院士哈依鲁林娜来到无锡市，我校和这两所学校签订了友好学校协议。本来计划于2013 年以自费的方式到乌克兰巴甫雷什中学交流访问，可是 2012 年底由于相关政策的变化，未能成行。于是，我们组织了由 30 位教师组成的"苏霍姆林斯基教育思想研究学习会"，邀请吴先生做顾问，开展以读苏霍姆林斯基的著作为主要内容的教师研修活动。此"学习会"有年度活动、月活动、寒暑假集中活动一至两天。研修活动形式有专家报告、与专家对话、读书交流、沙龙研讨、集中培训、年度汇报等，成绩纳入教师年度工作考核。几年间，活动扎扎实实地开展，在我们积极鼓励下有的教师阅读量达到数百万字。

吴先生在其中起到了很大的推动作用。学校于 2016 年申报了"苏霍姆林斯基实验学校"，还创办了苏霍姆林斯基纪念馆。纪念馆设有苏霍姆林斯基塑像，摆有中文版的苏霍姆林斯基书籍，在学校营造了良好的学习苏霍姆林斯基的氛围。

四、名师工作室

我校原有区级挂牌的名师工作室三个，即我的"中学语文名师工作室"，张世成老师的"中学物理名师工作室"和张红虹老师的"中学班主任名师工作室"。2015 年，学校又根据实际情况，组建了"研究生工作室""英语名师工作室"。尤其是"研究生工作室"，体现了学校的与时俱进以及对年轻教师的关爱。因为近些年招聘的年轻教师都是研究生学历，这些教师如果能够抓得住、及时加以有效培养，对培养研究型教师成长相当重要。于是，我们就将近年招聘的年轻教师组织起来，从南京师范大学以及江苏省教科院请来王彦明等经验丰富的博士做他们的导师。

"名师工作室"是教师学习型团体，以本校教师为主，适当吸引部分外校教师参加。一开始，学员就要做"三年专业发展规划"，并由导师参与讨论修订。工作室一般每月开展一至两次的活动，其形式有课堂研摩、参观考察、专家讲座互动、外出交流、论文写作、展示汇报、读书会等。截至2016 年，对语文、物理任课老师及班主任均已完成一至两轮的培养，不少教师已经结业。张世成老师曾经深有感触地对我说："做名师工作室，其实获得最多成长的是我们导师自己。我这些年来的每一次活动，都担心没有东西和学员交流，于是不断学习思考，也成就了今天自己的样子。"2008年时，张老师还只是一个教学能手，而如今已经成长为江苏省物理特级教师，并获得正高级职称。

为了全方位促进教师专业发展，在学校层面建立教师专业发展组织的基础上，还可以鼓励"民间"专业组织的发展。我在无锡市凤翔实验学校任职期间，还鼓励建立了"学科发展共同体""无庸读书会""学科组长联谊会""未名教育论坛"等多个完全由"民间"（既是教师自主发动起来，又由学校"鼓励"起来的）专业发展群体，都还取得了不错的效果。

创新"青蓝工程"

　　多年来，"青蓝工程"成为各地各校进行教师培训和教师专业发展比较有效的载体，也作为教师专业发展的基本形式被广泛采用。实践表明，扎扎实实开展下去，师徒结对，定向定点培养不走过场，着实能够起到良好作用。老教师发挥"传帮带"作用，年轻老师在前辈的影响下，会成长得更快。做得好，可以对教师队伍的团结稳定奠定坚实的基础。在很多学校，"青蓝工程"还有专门的部门跟踪负责，有的是教导处，有的是学校工会。有的学校做得风生水起，我原来工作的学校就是一个典型范例。

　　我们学校的"青蓝工程"工作由工会负责，工会主席郭四妹老师相当认真，不仅组织好每年一次的结对仪式，还定期观察平时工作运营状况，经常在学校办公会议上汇报情况，而且每年还要组织一次总结表彰活动。这样，就做得很实在了，受益的当然是年轻老师。在实践中，我也观察到，传统的"青蓝工程"也有一些问题值得注意：一方面，每位师父在学校里面也只是比较而言的，其专业水平都是有限的，任何一个师父的水平能力在满足年轻徒弟方面还有欠缺；另一方面，徒弟是涉世未深的年轻人，师徒交往中，师父的思想品行、为人处世的态度都会对徒弟产生相当大的影响。例如，师父业务水平的确不错，但是格局不够大，斤斤计较，久而久之徒弟就会像师父一样，待人接物也是斤斤计较；有的师父愤世嫉俗，对学校的方方面面总是看不惯，久而久之徒弟也会像学师父那样子；有的师父喜欢搞"小圈子"，于是徒弟就成了圈子里的人。我在多年的经历中还不止碰到过一例。

　　于是，我们探索出了"一师多徒""一徒多师""转益多师""校外聘师"等多种"师徒结对"的方式，不仅让名师的经验与更多年轻教师分享，提高师父的专业水平，提升专业成就感，而且让年轻教师同时接受几位有经验的教师的指导，在"得益多师"中发展得更快、更好。我们还从校外，即区内的名师以及大学、研究院所选聘专家做年轻教师的师父。我们的校本研训采用"2+2"一体化模式，聘请区教研员为指导老师。对于年轻教师，其指导老师的选拔与确定，遵循一个是校内、一个是校外的指导团队的原则。研究生工作室的指导老师则是从高校聘请的专家。我们还实行"菜单式"点师，即由老师自己推荐，学校协调聘请，让老师值得信任或者崇拜的老师做师父。这些都是十分有效的做法。实践证明，培养青年教师，必须创造更多的条件，向优秀的人学习，得益多处，正如鲁迅先生说过，"要采许多的花才能酿出蜜来，倘若叮在一处，所得就非常有限、枯燥了"。

　　实践证明，"一师多徒""一徒多师""转益多师""校外聘师"等"师徒结对"方式是行之有效的，也有效地避免了一些专业能力强但其他方面特别是做人做事格局方面略有不足的老师做师父，带坏了徒弟，以致徒弟长成了"师父的模样"。

校本培训要坚持"专题"突破

任何事情"重视"不代表"成效"，能不能做出成效还要从方法论层面考察。校本培训不是多多益善，更不能随意而为，而是要坚持科学的方法论。为此，实践中我们探索出了专题化、系列化的方式，不断提高校本培训的实效性。如班主任培训、课堂教学改革的推进等，都根据实际情况把握好节奏，采取了专题化层层推进的方式。专题来自学校当下的实际需要，每一段时间突出一个主题，做深、做精、做透。

以推进课堂改革为例，从 2009 年开始，学校课程改革围绕课堂教学基本理论培训展开，着力于聘请专家帮助辅导，从课程、课堂的基本理念、教学要素、课堂变革的实质等方面，进行深入的分析。我清楚地记得那次在太湖边明珠饭店召开的会议，会议奠定了学校的骨干教师推进课改的基本理论基础，普及了很多常识，我们称那次会议为"太湖会议"。

2010 年，为了课堂改革能真正确立教师的主体地位，重点关注学生小组合作学习，我们在苏州进行了小组合作学习的专题培训，那次会议我们称为"苏州会议"。

2011 年，为了进一步研究确立"本色课堂"的教学要素，我们在常州市天目湖召开专题研讨会，我们称之为"常州会议"。

2012 年，为了推进"本色课堂"建模，我们邀请南京师范大学教育科学研究院几位专家参与商讨，在南京召开了专题研讨会，我们称之为"南京会议"。

2014 年，为了使"本色课堂"得到拓展与深化，我们在浙江长兴召开研讨会，推动"本色课堂"的评价研究，我们称之为"长兴会议"。

这些专题会议，大多利用暑期召开，每年突破一个重点，既有专家的理论指导，也有老师的经验分享，又有校长对下一步工作如何推进的工作具体布置。有计划、有重点、有举措，每一次会议老师们都真诚交流，收获满满。在交流当中，教师间不仅发展了友谊，也凝聚了团队力量。大家都非常喜欢这种形式。每次会议召开之后，学校都做一本研究成果集。这本成果集把大家阶段性的经验探索与思考汇集在一起，是学校非常重要的阶段性教育改革的成果。

　　专题式研讨是十分有效的培训，其最大的效果在于让团队成为不断探求知识的"学习机"。其实许多著名的企业的文化就是建设"学习型文化"。微软就是"一台永不知足的学习机"。比尔·盖茨要求其员工时刻保持学习的劲头，善于思考和琢磨，并将产生的新想法推广到团队中去，与他人分享。为了提高员工的学习热情，公司让员工挑选自己感兴趣的工作，或是在分派前，仔细分析工作所需要的技术，然后把它分派给最需要学习这项技术的人；为了让员工始终有一种学习的热情，微软会让员工去做一些特殊的工作，如让员工写一个运算程序等。在谈到为什么要不断学习时，比尔·盖茨说："现在一场全球性的、新的经济竞赛已经展开，未来脱颖而出的，将是能够抢先领悟新游戏规则的人。"比尔·盖茨的话语又何尝不是对所有行业的忠告呢？

"赛""训"结合更有效

校本培训当中,我校采取"以赛促训,以训助赛"的方式也不失为一种有效的校本培训方式,这种方式的好处就在基于老师的"成就性需要"及时给予帮助。在江苏省有几个非常著名的促进教师专业发展的好平台:一是江苏省教海探航论文评选。它是由江苏省教育厅支持,教育报刊总社主办的,始于1988年,每年举办一次。这是江苏教育每年一度的盛事,各地教育局就像要获得承办"奥运会举办权"一样,几年前就开始申请,上一届的颁奖会上就向下一届承办单位授旗。在这个平台上成长起来的江苏省特级教师有好几百人,我就是其中的一人。二是由江苏省教育科学研究院举办的"师陶杯教育科研论文评选"活动。它旨在引导全省教师学习在江苏教育史上最有影响的教育家——陶行知与叶圣陶。21世纪之初就开始举办了,主要定位于教育理论的探索与实践。三是由《江苏教育报》报社举办的"新世纪杯教育论文比赛",此赛始于2000年。四是由江苏省教育学会举办的"蓝天杯教学论文比赛"。此外,还有由江苏省教育厅基础教育处与《江苏教育》编辑部共同举办的"杏坛杯"教学论文评选活动。

我在无锡市凤翔实验学校做校长的九年时间里,学校都将激发教师成就性动机,组织教师参加各种赛事作为师训的重要助力。因此,这些重要赛事成为培训的重要平台,每年都以行政的力量推动,如期组织教师参赛。开始的两年,教师不习惯,流于应付。但是随着学校持续关注,年年要求全员参与,就涌现出一批积极分子,慢慢地,教师参与的积极性就高了。在这个过程中,校长的角色比较关键。校长不能是"叶公好龙"式的人,而是要成为"举旗的人"。我曾经连续五年参加"江苏省'师陶杯'教育论文大赛"并获得一等奖,以至于主办方邀请我去做评委,让我不要再参加这项竞赛。我也和老师们说,"从实用的角度讲,我已经不需要任何的奖状，我参与，完全是想和大家'一起学习成长'"。在我的带领下，有一年我们的成绩十分可喜，学校获得 2 个一等奖，5 个二等奖，31 个三等奖，成为当年无锡市获奖总数第一的学校，因此也获得了全省的组织奖。

我们的目的并不是获得多少奖项，而是在组织参赛的过程中对教师进行培训，达到"以赛促训，以训助赛"，"成果""提高"两促进。培训的具体实施过程是，每年都围绕主题，先请专家来校进行培训，培训必须是全员参与。第一，培训从现代教育理念开始，进行普及性的培训。第二，围绕当年竞赛论文主题进行阐释，帮助教师深刻认识主题的教育意蕴以及与教育教学的相关性。第三，培训教师写作的基本常识，细致到如何打磨标题，如何开头，如何结尾等。我们拿着范文，和老师们一起分析，辨别文章的好坏，领悟一篇好的教育科研论文到底是怎样的。第四，广泛地发动老师撰写文章。上交文章后学校先进行筛选，优质的文章再请专家来点评，和相关老师进行面对面的辅导，手把手指导修改。修改完了，老师再进行修改。学校对好选题，表达较为优秀的文章再逐个请专家指点，这种论文一般都是要去冲刺一等奖的论文。

任何成果的取得都不是空穴来风，正如冰心老人说过，"成功的花，人们惊羡她现时的明艳。然而，她当初的芽心，却浸透了奋斗的泪泉，洒遍了牺牲的血雨"。教师们之所以在几年间书面表达水平得到提升，主要得益于每年一届的论文竞赛中得到的培训指导。赛训结合，让教师受益良多。

区域师训的 "UAS" 模式

　　这是我们区域在校本培训中探索的一种新样态，这是大学、教育行政、学校三方合作的模式，我们称之为"UAS"模式。

　　2013 年，我兼任北塘区教育局副局长。时任局长潘鹰同志非常敬业，致力于促进北塘区教育发展，他让我协助分管教师培训工作。当时我就向他建议，促进教师发展应该路径多样化，策略多元化，和大学合作。他非常开明，我记得很清楚，他说，"只要有意义，只要经费的政策允许，我们就可以大胆地干"。于是，我和南京师范大学教育科学研究院教育领导与管理研究所的张新平教授联系，因为他是我参加"江苏省人民教育家培养工程"的导师。而其时，张新平教授所在的教育领导与管理研究所团队正在开展优质学校办学标准的课题研究，非常希望走进中小学，实地开展"田园式教育研究"，于是我们一拍即合。北塘区区政府非常重视这项合作，教育局鼎力推进。2014 年初，我们双方在凤翔实验学校举行了隆重的签约仪式，全区的校长都参加了，分管教育的毛佳宏副区长还到会讲了话。教育局每年出 30 万元经费用于项目活动，张教授的团队中共有九位教授，每年进区 8 次，每次都是集体行动。每次活动，他们早晨五点钟就从南京出发了，对此我们都挺感动的。

　　张新平教授的团队，以西方当代社会建构学理论——"欣赏型探究理论"为基础，以北塘区的六所学校为样本（凤翔实验学校、刘潭实验学校、山北中学、山北实验小学、惠山小学、梨庄实验小学。其中凤翔实验学校为龙头校），开展长段实验。项目分三年时间推进，第一年是培训学校行政，第二年是培训班主任，第三年是培训骨干教师，三个序列层次分明。培训计划性很强，按照"理论学习—集中研讨—听课评课—案例剖析—论坛沙龙—年度集会—外出考察"的思路，有条不紊地推进。每个月专家团队进校一次，每年寒暑假分别进行两次大型的集中研训活动。这个项目的闪光之处有两点：一是在理念上，倡导无论是学校管理还是教师教学，都不要用"缺失的视角"看问题，不要把学校、班级自己看做"百病缠身、有待治疗的病人"，更不要把自己看做"高明的医生"；二是主张在国家教育优质均衡的新背景下，区域内学校之间不只是竞争关系，更应该是合作关系，不应该以"干掉别的学校"为荣，而应"大家共同进步才是真的好"，区域内各个学校之间是学习型、研究型合作关系，连片集群地开展备课等教学研讨活动。其间，西方社会建构论创始人之一，美国著名学者肯尼斯·格根教授亲自来考察，跑遍了六所学校，而且对我所写的《天使的故事》给予了很高的评价。

张教授领衔的这个项目努力挣脱多年来学校管理中"缺失的视角"的管理弊端，探索未来教育管理走向。该项目实施两年后，几所学校的领导观念转变很大，在省内产生了一定的影响，也从整体上启动了全区优质学校连片集群式发展的良好态势。实验项目学校校长、老师们的教育理念有了较大的转变，普遍反映良好，较好地改变了校际之间有竞争无合作的教育封闭格局。各所学校围绕合作，总结了一系列的经验，并形成了一批优秀的论文和大量的实践案例。

非常遗憾的是，我自2015年就不再担任教育局副局长了，项目协调上就不是很顺畅了，特别是2016年三个区合并后，合作项目也就基本夭折了。没有完成三年的合作目标，这不禁让人扼腕叹息。

沿着"阶梯"往上走

人们常说,"饭要一口一口地吃""一口吃不成胖子",人们也还说,"人往高处走,水往低处流"。那么,"人往高处走",要"沿着阶梯走",那么什么样的"阶梯",怎样走过这个"阶梯"就很关键。校本培训也要"沿着阶梯往上走",这里的"沿着阶梯"具有定制性质。学校实施"新平民教育"的过程本身就是循序渐进、认识逐步深化的过程,是艰难跋涉的过程。可见,校长需要怎样的"定力",需要付出怎样的艰辛。我常常用这样的话鼓舞自己,即如哲学家奥勒留所说,"通过常常这样对自己说而清除你的幻觉:不让任何恶、任何欲望或纷扰进入我的灵魂,现在这是在我的力量范围之内,而通过观察所有事情我看见了它们的本性是什么,我运用每一事物都是根据其价值——牢记这一来自你本性的力量"。

在数年的推进教师专业发展征程中,我总是运用这一"本性的力量"推进教师发展的每一个事项,如学校促进教师发展的"良师工程"建设等。学校以"良师工程"为统领,以教师成长为主线,以培训为抓手,按照"教学新秀—教学能手—学科带头人—名师—特级教师后备人才—特级教师—正高级教师"七个台阶,拾级而上,循序渐进地扎实并加以实施。在具体实施中主要做好以下三个方面的工作。

一、确立进入阶梯培养层次的教师

学校一直秉持"每一个教师都要发展"的理念,鼓励全体教师参与培养,尤其是适龄教师更需加快发展步伐。年轻教师发展空间最大,可塑性也最强。学校在编制教师队伍发展规划时,按照市、区两级教育局关于教师队伍建设的相关文件要求,紧密结合平时观察掌握的情况,主要以目前已经具备的条件（学校有教师专业发展的具体档案材料可查），按照 1：3 的比例，讨论入库人员。科学分析老师目前的状况，寻找这些老师的"最近发展区"。因为每个人的想法、追求不同，比如有些老师渴望进步，可是依据自身目前的条件，相对来说差距还比较大；一些自身条件不错的教师，却缺少上进心。为此，学校针对每一个人的情况认真研究对待，深入细致地做好个性化的交流引导，准确地把他们放到相应的"阶梯"之上。

二、为群体与个体确立培训课程

学校在教师两大发展的理念支持下，分层次确立课程。大部分教师都会参与"项目研修中心"以及"苏霍姆林斯基教育思想研究学习会"，同时，安排全部教师参与"青蓝工程"结对，并且有针对性地安排他们进入学校已经设立的工作室。对照标准，为有缺项的老师单独安排帮助者，如某些老师在文章撰写方面存在严重不足，"发表文章"这一项缺失，学校除了请专家进行相关辅导之外，还请在这方面的名师做师父，帮助其提高写作能力，使其能尽快发表文章等。针对存在弱项的老师，我们还安排其参加校外举办的针对性活动，激发其内在兴趣。

三、科学研制教师培训的考核设计

评价是促进工作的动力机制，好的设计一定辅有好的评价机制，如此才会有效。考核机制的设计要求明确，要素比例适当。对课题、阅读、写作、每学期的公开课、撰写论文和经验总结、现场交流等都有明确的量的规定，占比也做到适切。这样统一的目标、方向和价值，加之个性化评价操作，便能有效地推进培训的实施。

"2＋2" 教师校本研训一体化

　　"2＋2" 教师校本研训一体化模式重在引领教师深入反思教学行为，努力转变教学理念，认真研修专业知识，刻苦练习教学技能，不断提高专业素养，是一个直接指向教师教学实际的研修方式。具体来说，指在一个学年里，教师通过自我反思和专家诊断，找出教师在课堂教学中的两个优长和两个惯习，并制订发展规划，而后在一系列的教学研究中持续发扬自身优点，改掉缺点，促进教学，从而提高课堂教学效益，促进教师专业成长，实现教师个性发展。这是一个将外部专业支持与内部自主发展相结合的教师个人的纵向式发展模式，也是一个循环往复的过程，周期为一年。

　　"2＋2" 教师校本研训一体化模式以"解决自己的问题"为导向，改变了传统教科研活动与实际教学活动脱节的现象，同时贴近教师最实际的问题：理解教材，驾驭课堂，提升实施素质教育的能力，提升教师教育教学水平，转变教师的教学理念和行为，汇总教师教学经验，集聚教师的教育教学智慧，让教师成为教育智慧的创造者和受益者。此外，凭着"短平快"的方式，让教师在最短的时间内看到自己解决问题的能力和实际进步，从而激发专业发展的信心。

　　"2＋2" 教师校本研训一体化模式是以促进教师专业发展为目的、全体教师参与的校内重大研究课题，只有尊重教师的主体精神，满足教师"自主发展、自我提高"的心理需求，才能提高教师自我规划、自我发展的能力，引导教师寻求自我发展的有效方式，帮助优秀教师形成独特的教学风格。这是一个虽分阶段但仍需要持续、长久实施的研修方式。在这个过程中，让教师看到自己的进步与发展，享受成功的快乐显得尤为重要，这将转化为教师发展源源不断的动力。为此，学校为教师创设锻炼和展示的舞台，建立积极有效的激励机制，鼓励教师多样性、个性化发展，采用多元的模式，使教师职业发展形成百花齐放的局面。

一、建立激励机制

没有教师的发展就没有学校的发展，学校秉承"优秀的学校一定是具有教师专业发展功能的学校"的价值追求，将教师专业发展的考核纳入学校的奖励机制，通过教师发展积分的形式对教师进行考核，对于考核优秀的教师给予表彰和奖励。教师专业发展考核体系的设置极大地调动了教师研修的积极性。

二、丰富活动形式

1. 定期召开研讨会

自"2＋2"教师校本研训一体化模式实施以来，学校定期开展推进会、汇报会等，为老师搭建成长平台，让他们在职业上获得成长。活动中，教师展示课堂教学，同伴针对其优点和习惯的转变情况进行分析评定；老师们交流研修经历，分享收获，提出困惑，商讨策略。这虽是最原生态的研讨方式，但也是使执教者和同伴实现共赢的有效方式。

2. 积极承办教研会

把老师推向更大的展示舞台，让他们在各级各类活动中展示风采，最能让老师倾听到"自己生命拔节的声音"。因此，学校还积极承办各级各类的教学研讨活动，与同行开展交流，共同进步。随着一次次活动的承办，一位位老师成了学校的"名片"，他们不仅为自己树立了形象，也为学校赢得了声誉。

三、组织各类竞赛

"2＋2"教师校本研训一体化模式是学校为提高教育教学质量，促进教师专业化成长而"量身定做"的校内重大研究课题。在"加减"之间，老师们养成了反思的好习惯，他们总结课堂教学中的得与失，撰写的论文在各级各类比赛中不断获奖；在"加减"之间，老师们逐渐走向自信，他们创新教学设计，执教的优秀课在各项评比中屡摘桂冠；在"加减"之间，老师们日益走向成熟，多位老师获得市、区级专业荣誉称号。一个个"发展奖"的获得，让老师们内心充盈着喜悦，对未来工作充满了希望。

四、专家智慧引领

"2+2"教师校本研训一体化模式是一个循环往复的过程，只有"逗号"，没有"句号"。一年的研修接近尾声时，当初"把脉"的专家如约而至，再次走进老师们的课堂，检验他们一年研修的结果。老师们纷纷"亮剑"，将优点发挥得更淋漓尽致，而缺点则悄然"隐退"。以第一年的研修为例，专家组第一次诊断性听课共15节，对每一位老师确定研修内容做了具体的指导；第二次阶段性听课共13节，专家们肯定了老师们的进步，为大家指明了进一步研修的方向，并做了相应的方法指导；第三次定论性听课共12节，其中有11位老师的研修结果得到了专家们的肯定，研修成功率达到了91.67%。专家的肯定让老师们脸上漾开了笑容，而专家的指导更让他们兴奋地涨红了脸，因为言谈间，他们已找到了下一轮可发扬的优点和需要提升的地方，心中已在规划下一个发展蓝图。

教师们会根据自己的实际情况来填写"2+2"教师校本研训一体化模式教师校本研训自我规划表，这不是简单的填表，而是一次认真的自我"审视"，在归纳和总结的同时，对下一阶段的工作进行规划。表1为某位老师填写的自我规划表。

表1　教师校本研训自我规划表

姓名	××	性别	女	年龄	40	工作时间	21 年
学历	本科	职称	小学高级	任教科目	语文	专业荣誉称号	市教学能手
上一轮研修反馈	当我执教完《螳螂捕蝉》一课，×××老师表扬我语言干净，语速适宜；课堂疏密有致，张弛有度。这表扬充分肯定了我克服惯习的成果，这一点将作为我下一轮研修的优长加以发扬。指导老师也给我提出了更高的要求，要我将课堂向"悠闲"的方向发展，把课堂当做游戏场，游刃自如；课堂教学目的指向明确，切准重点，大胆取舍。这一要求虽然很高，但将成为我下一轮研修的方向						

（续上表）

本轮诊断	课堂教学中的两个优长	①教学语言干净，语速适宜
		②课堂疏密有致，张弛有度
	影响教学的两个惯习	①课堂受教学设计和课件等影响，有时较拘谨
		②课堂中的部分环节略显累赘，不能为实现课堂的高效率服务
发展目标	继续发扬语言简练干净、语速适宜的优势，使自己的语言能够适用于各个年段；力争使课堂向"悠闲"发展，确立把课堂当做游戏场的理念，用语言的"悠闲"、体态的"悠闲"，与学生展开无间的交流，让自己在课堂上游刃有余；深入研究教材，使课堂教学目的指向更明确，切准重点，大胆取舍，使课堂更高效	
达成措施	略	

截至 2017 年上半年，校本研修已经进行了 6 个年头，各个年龄阶段的老师都有了不同层次的发展。因为学校办学规模年年扩大，学校每年都有新鲜血液输入——新教师入职，他们在这个平实的舞台上锻炼成长，已有多位工作未满三年的教师在区教材教法活动中崭露头角，在区、市、省乃至全国的赛课中，成长为学校发展的中坚力量。部分青年教师更是表现非凡，已获得国家级一等奖 1 人次，省级一等奖 5 人次，市级一等奖 4 人次，并有多位老师获得了更高的教学荣誉称号：一人被评为市教学能手，一人被评为区学科带头人，一人被评为区教学能手，一人被评为区教学新秀。

"2＋2"教师校本研训一体化模式是一个教育理念的重新构建过程，它让老师们重新审视、研究、改变自己；是一个以高效教学为宗旨的智慧诠释过程，教师的真功夫在课堂，教师业务水平的提升应扎根于课堂，应从课堂教学中摄取营养；这是一个智慧教师幸福生活的守望过程，研修生活本身交织着痛苦与彷徨，然而，当聆听到自己生命拔节的声音时，谁都会为自己的研修生活而幸福地微笑。我们不求轰轰烈烈的成就，只求能在研修中能每天进步一点点，每年发展一小步，积跬步以至千里。这"加减"之间，老师便能如凤凰涅槃，展现精彩的蜕变。

用机制规范校本培训

教师专业化成长不是一蹴而就的，需要规范约束，也需要富有活力的机制来激发。好的校本培训应该是一个有着严密组织的体系化的过程，也是一个唤醒教师成长内在自觉的过程，它有一个不断地由外在要求走向内在自觉的过程。因此，学校的校本培训需要相应的校本管理与校本研究相配套。实践中，我们总结了以下的机制：

第一，外部加压与自我加压的统一。

外部的要求主要针对年轻老师、成熟型老师等不同类型老师，学校有明确的差异性要求，对其专业素养、课程能力等均提出明确的提升要求。学校通过外部加压，明确每个人的发展责任，增强自我发展能力。外部要求不是简单的单向管控，学校努力通过各种舆论途径激发教师的发展愿望，将压力转化为动力。

第二，建立一系列的学习交流渠道。

除了传统的"青蓝工程"，尤为注重抓实集体备课，促进教师互学帮学，促进共同进步。此外，还有读书会、研究共同体、研学会等让老师之间有着广泛的学术联系，每一天都生活在专业交流氛围之中。

第三，形成反思机制。

教师专业成长方式包括个人反思、同伴互助、专家引领三个方面。其中，个人反思放在首位，是老师专业成长当中最重要的机制，学校要充分建立严肃的促进反思的机制。教师个人反思形式有很多，如课后备课方案的调整，这在教师公开课教学中体现得比较突出。其次，在教师撰写教学日记、开展与同伴乃至学生的教学对话、教师备课组或教研组的集体讨论、行动研究中，都会使用反思的形式。其实，反思是专业人员的本性，没有反思就谈不上是一个专业人员。

第四，构建以"诊断—改进"为主旨的教师评价制度。

是专业的行为就必然会反思，因为反思就必然会有调整与改进，因此校本研训就相当于"会诊"，给同伴提意见，提供新的方案供参考。因此，校本研训中形成"带着问题来，带着方案走；带着行动过程来，带着新的方案走"的研究流程与评价追求是十分恰当的，只要坚持下去，就一定会促进教师进步。

第五，形成互助合作制组织。

既然教师成长需要合作，那么自然需要开展自主式研究、开放式研讨，形成合作、平等、互利的氛围，这样才有利于教师相互学习借鉴。

【典案例证】

调查——倾听学生的感受

综合实践活动学科整合的实践研究课开始了。沈妹红老师建了一个交流群，在她任教的三个班里说："愿意入群的同学可以加一下。"于是，群里一下子加了59个同学。

一天，沈老师心血来潮，在群里发了条消息："你们觉得信息技术教育、劳动与技术教育、研究性学习这三门课，是综合好还是不综合好？请说出理由。"

学生一："综合的话，有时候教的先后顺序可以换一下，这节课做不完下节课可以继续，因为是一个老师教所以没关系；如果分开来的话，这节课没做完就要等下个星期，可能一个学期也不会做完一件东西……"

学生二："综合的话，一周三节课都是沈老师教啦，多好啊！"

学生三："如果综合的话，我实际上就是三门课的课代表啦！综合课欢乐多多！"

学生四："根据中国古代哲学，就是很多东西都不分的。"

…………

更多的学生说综合好，但是未能给出理由。

不管是他们的真心话，还是为了安慰这位带他们的老师，沈老师想："他们主张说综合，对我来说，就是带了他们一学年的教学活动所获得的最好回报！"

学校综合实践组就是一个典型的同伴互助团队，他们在学校校本培训价值思想的引导下，将原本的劳动与技术教育、信息技术教育、研究性学习三门课整合，每个教师都来上这门"综合整合课"。整个过程均是老师们自发自愿的，同时为研究做准备，他们做得不亦乐乎。

第六，聚焦教育界的实践问题并试图改进。

教师校本培训结合教学实际，才能培养教师教学的"真把式"。努力引导老师发现自己的教学问题，提出自己的疑惑，反思问题存在的可能性原因，围绕问题开展研讨并试图解决，在问题解决之后形成一份研究报告。撰写研究报告的过程就是持着研究态度、透过现象追寻本质的过程。

第七，建设教师专业发展文化。

引导教师向大学教师学习，具有学术精神、批判精神、怀疑精神，敢于怀疑结论，挑战权威。努力从实践中寻找有益经验，建立起专业自信，不断更新知识，形成善于更新自我的学术文化氛围。

校本培训的文化氛围营造

学校校本培训的最终目的，是要形成一种文化自觉，形成学校的共同价值观，具有一种有别于他校的特别氛围：有自我的价值引领，倾情于发展教师；有自我文化激励机制，积极应对教育的急剧变革，进而促进教师的自我更新。通过系统的、富有激励性和吸引力的校本培训，激发教师改变自我的热情。多数教师都能够具有专业发展的责任感和成就性动机，能够自觉地把自己的提升与学生的成长相结合，使之成为一种校园风尚；具有自觉地改变自己、创造业绩、体现价值的追求。正是基于这样的思考，我校着力于校本培训文化的营造，坚持形成自己的校本培训文化。

一个例子足以说明。在我校的校本培训中，倡导在培训中注重学科组的多样化、特色化发展，努力创造自己的特色。语文学科组从事"沉静语文"研究，数学学科组着重"每周一练"，物理学科组做"证据物理"研究，历史学科组做"导学案"研究……我们的综合实践组组长薛成钢老师，低调务实，不图名利，综合实践组在他的带领下，工作开展得风生水起。他们坚持做劳动与技术教育、信息技术教育、研究性学习"三科整合"教学实践，成功申报获批江苏省教育科学规划重点资助课题。多年来，每当外地教学团队来学校参观，综合实践组的机器人都是参观的"保留节目"。他们的物联网教室、乐高机器人也都做得相当棒，团队成员均能自信地介绍其团队的研究成果。遇上学校的临时安排，也能随即向来访者展示他们的课堂。他们经常加班讨论、琢磨，工作到废寝忘食。综合实践组的老师还积极要求学校组织他们到先进学校参观学习，而每次回来，也都会有新变化。综合实践组的老师常常带学生去外地比赛，而这些比赛通常在周末，对此他们从来没有怨言，总是自觉地分好工，不需要领导操任何的心，每次回来都会在第一时间汇报比赛成果。我想，综合实践组的氛围就是最好的科组合作研究文化。

　　当时学校还有一个常规活动，就是科组文化展示。这最初是从小学部兴起的，后来逐渐在全校展开。说是"文化展示"，其实是组织老师们汇报这一年学科组的学习、教学研究成果。这项活动一般从三个维度展开：一是组内参与校本培训、校本教研的成果基本数据报告；二是先进故事分享；三是个人专业素养展示。每年的文化展示活动都会得到大家的支持，各教研组的成员都会通力合作，忙得不亦乐乎。大家各显其能，展示风采，形成一道亮丽的风景。

　　我校的校本培训内涵丰富，包括"大阅读""每月一课""项目研修""苏研会""未名教育家论坛""名师工作室""组长联谊会""课题群"等。学校建立学科组参与评价机制，每年会兑现评比奖励、总结制度。随着时间的推移，各个学科教研组都会自觉对照要求，最终形成了大家共同参与为组争光的局面。所以，教师们在学校争先发展的氛围很浓。这些年，学校一大批教师在"新秀—能手—学科带头人—名师—特级后备—特级教师—正高级教师"这七级专业发展梯队上进阶发展，学校也随之成为区域教师发展的典范，真是令人欣慰。

第七章

学研结合两相宜

晨曦、微风、朝阳、树林

鸟儿叽叽喳喳地鸣叫

催醒了枝头的花儿

书写着春的讯号

鸟儿也需要觅食

然而，那言语中的倾诉

嬉戏中的满足

又何尝不是它的格调

一如枝头的小鸟

抛开重荷向生活问好

丢掉烦恼把微笑抓牢

冲破现实的羁绊

在生命的和谐中起跑

校本培训与行动研究

中小学教育科研的根本目的不在于理想研究（教师也不具备这样的能力），也不在于通过研究得出什么结论，而在于在教科研过程中转变思考问题的方式，学会用专业的思维做专业的事，成为专业的人。行动研究是中小学教育科研的重要研究方式，而校本培训的重要任务之一就是引导教师学会从事教育科研，这也就必须学会行动研究。行动研究本身很简单，关键在于"行动"。行动研究的创始人勒温指出："研究的课题来自实际工作者的需要，研究在实际工作中进行，研究由实际工作者和研究者共同完成，研究成果为实际工作者理解、掌握和实施，研究以解决实际问题、改善社会行动为目的。"

根据我多年的实践经验，我认为行动研究具有这样一些特质：①内容来自教育生活；②行动研究方法不拘一格；③行动研究成果表达形式多样；④行动研究就是解决自己的问题；⑤行动研究是平民化、草根化的，并非"高大上"，人人可为。

【典案例证】

小小的发现

学校开展了综合实践活动"学科整合"的实践研究，把信息技术教育、劳动与技术教育、研究性学习三门学科的内容、课时等资源统筹整合，由一个老师任教。这是一个非常大胆的想法。但是让教师接受这个想法需要时间，更需要引导。参加学校项目研修的老师观念不同，善于挑战，不断地影响着其他老师。

在课程整合创新的探索初期，教研组在"认识计算机"主题研究开始阶段，安排了一个"观察计算机"的实践活动环节，让学生比较校内外计算机在外形上的差异。一位年轻的计算机老师——沈老师，对此环节的可行性持怀疑态度，她说："让学生观察？有什么好观察的？学生能观察出什么名堂？"

综合实践小组的蒋继征老师就搭话了："不一定的，我们试试看啊。"吴老师则快言快语："教学改革就是要做本来我们认为不可能的事情。不尝试就永远不知道。尝试了，做不到，我们就从此确信不行。以后也就不走这样的弯路了，不是很好吗？"

沈老师就接受了建议。结果，那次一下课，沈老师就非常兴奋地和其他老师分享自己的收获和体会："学生真能观察，发现了很多我平时没有关注的细节，比如，电脑的品牌、显示器、鼠标不同，键盘的形状、大小、颜色等也不同，甚至键盘上一个小小的'回车键'，家里的电脑和学校里的电脑也有许多不同的地方。简直压制不住他们的想法！"

正是因为这样一次小小的发现，沈老师获得了一次全新的教学体验，这也是她教育生涯中的重要发现，她说："我真的没有想到，学生的潜力那么巨大，我的心灵受到了强烈的震撼。"从此，她摈弃了不少传统的教育观念，逐步转变了原有的教育惯习，也逐步成长为一名优秀的课改实验支持者和探索者。

这只是学校开展行动研究培训中一个小小的案例，它从一个侧面反映，在校本培训的行动研究中，较之专家指导与学校领导，教师同伴的思想影响更大，教师也更容易接受。

在校本培训中，开展行动研究的知识培训以及将开展行动研究本身作为培训内容，都是校本培训的应有之意。校本培训也只有与行动研究结合，教师才能真正体会到培训的价值。行动研究是一种最容易被教师接受、便于普遍开展且容易激发教师自信的研究，是中小学老师可以普遍采用的一种贴近教育教学生活实际的研究。它既不是教育基础理论研究，也不是教育创新研究，而是老师立足于自身的实践，从问题出发来解决自己的问题。行动研究的基本路径是直面教育教学当中的问题，为了改进而设计研究计划。根据研究计划，采取切实有效的研究行动，在行动中不断观察、反思，进而修改原先的计划，再进一步采取行动，然后继续观察、继续跟踪改进，直到把问题解决好，获得对某一问题的清晰认识。

　　这是一种非常实在也非常实用的教育科学研究，不需要高深的理论，也不是少数精英才可以做到，而是大众化的，具有普遍的借鉴性。我当时所在的无锡市凤翔实验学校从 2009 年开始，申报了江苏省教育科学"十一五"规划重点资助课题——学校主动发展实践中教师教学惯习转变的实践研究，这就是一个典型的行动研究课题。我们就是基于学校教师队伍的现状，试图通过教师教学惯习的转变，培养新的优质的教育习惯，以此来提升教学质量。为此，学校通过课题开题营造声势，把开题的过程也做成一个行动研究培训的过程。在培训中鼓励老师思考如何申报子课题，与此同时，与专家开展各种对话，进行个别辅导等。这样，便将大问题化成小问题，如此，我们那些感到困惑的、低效的问题都成了一个个可申报的课题。在这个行动的影响下，学校申报了一批子课题，如"沉静语文""证据物理""品德课案例教学""养成教育""本土文化感知""简易机器人""物联网启蒙"等一系列课题。在行动研究的推进中，学校动员老师都参与，人人都可以成为一个研究者，也应该成为研究者。在动员参与研究的过程中，学校领导努力消除教师们对"研究"的恐惧感，做到"先行动，后规范"。学校还为教师提供一些发表"研究成果"的机会。特别是学校的"本色课堂"研究，就是一个很典型的行动研究案例。"本色课堂"研究不仅分年度由浅入深地推进，而且分成不同学科的子课题进行研究，均取得了不错的研究效果。

校本培训中的教学叙事

　　教师开展研究是必要的，也是可能的，教师的研究主要是行动研究。开展行动研究，需要对成果进行表述，表述的重要形式就是"教学叙事"。从其意义与实用性来说，它比写论文重要得多。对此，苏霍姆林斯基有精辟的论述，他说："那些连续记了 10 年、20 年甚至 30 年的教师日记，是一笔巨大的财富。每一位勤于思考的教师，都有他自己的体系、自己的教育学修养。如果有高超技巧的、有创造性的教师，在结束他的一生时，把自己在常年劳动和探索中所体会到的一切都带进了坟墓，那会损失多少珍贵的财富啊！我但愿把许多本教师日记搜集起来，保存在教育博物馆和科研机构里，当做无价之宝。"

　　教学叙事就是教师将自己某一节完整的课堂教学或者某一节课的重要环节叙述出来，使之成为一份相对完整的案例，既叫做教学案例，也可以说是"用电脑录像"。具体说来就是为了让老师有话可说，学校可以以"集体备课制度"和"公开课制度"的方式进行配合。课前，以集体备课的方式提高"教学设计"的科学性。课后，以集体讨论的方式发现自己的教学收获与教学遗憾，然后教师本人将自己的这节公开课（或称之为研讨课）相对完整地记录下来，使之成为一份"课堂教学实录"。我们将这个过程称为"用电脑录像"。在校本教学研究中，有教师将这个过程总结为"集体备课—集体听课—集体讨论—个人叙事"。

　　"用电脑录像"只是教学叙事的第一个步骤，这个步骤使"教学叙事"仅仅落实为一份"课堂教学实录"，由于"课堂教学实录"很难反映教师的反思以及反思后所引起的"教学改进"与"教学重建"，所以，教师可以通过夹叙夹议的方式将自己对"教育"的理解以及对这节课的某个教学片段或事件的反思切入到相关的教学环节中。教师可以用"当时我想……""现在想起来……""如果再有机会上这节课，我会……"等方式来表达自己对教学改进、教学重建的思考。在校本教学研究中，有教师将这种夹叙夹议的方式称为"插入"或"涂抹"，即教师将自己对本节课的感想"插入"到课堂教学实录中，将自己对整个教育或相关教育理念的理解"涂抹"到相关的课堂教学实录中。

之所以强调要配合学校的集体备课制度和公开课制度，主要是考虑到这两种制度有利于教师之间相互合作，而且经过集体备课和公开课之后，教师可以根据讨论中提出的新的教育理念，以及讨论中所发现的教学收获与教学遗憾，更有效地反思自己的教学。

教师"讲教育故事"，实质是以"公开发表"作为研究的突破口，而公开发表又不同于一般所说的发表文章，它要求教师用合理有效的方式解决自己的课堂里发生的教学问题，然后将自己遇到某个问题的全过程"叙述"出来。这里的"发表"实质上是一种"叙述"，"叙述"之后形成文章的一种教育记叙文而不是教育论文。这种教育记叙文比传统的教育论文更能引起读者的共鸣，并由此体现出其研究价值。教师写教育记叙文或者说教师做叙事研究并不排斥教师写教育论文，但教师最好在积累大量的"教育故事"之后再去讲教育道理。由此归纳，教育故事实质上强调的是"说事"，而教育论文强调的是"说理"。所以，可以这样认为：教师最初多写"教学叙事"，积累到一定程度后，再去写论文，这样的文章才有高度。这个"转化"过程是专业成长的必经之路。

教师在叙述教育故事时，有时又会出现写教育论文的那种感觉，感到无话可说。此时，可以这样把握：关键要叙述出自己之前的教学行动，教师写作实质是一种"行动方式"。这样说的"反题"是"教师写作不只是为了公开发表"。

"写"教育故事不是为了炫耀某种研究成果，而是通过教师写自己的教育故事来反思自己的课堂教学。由于教师总是以某种教育理念的眼光来"反思"自己的教学行为，教师的个人化教学理论以及教学行为经由这种"反思"发生转化。由此可见，教师写教育事件实际上是转化教师的教学观念和教学行为的突破口，也是变革课堂教学的突破口。如果教师不改变教学，教师就无话可说。教师写作其实是一种行为方式，如果教师不行动，不改变自己的教学习惯和教学行为，教师的"叙说"将成为困难。不少教师之所以感到无话可说，是因为写作之前没有改变自己的教学行为。

教师能够叙说的与值得叙说的，不过是在改变自己教学活动之后，产生的"记录"冲动与"反思"。

教师的日常教学主要是课堂教学，教师所寻求的对教育实践的改进，主要是对教学生活的改进，因此教师的叙事报告的主要内容是由教师亲自叙述课堂教学中发生的"教学事件"，可以将这种对教学事件的叙述称为"教学叙事"。"教学叙事"类似人们所谈论的"教学案例"，但是"教学叙事"不仅强调所叙述的内容具有一定的"情节"，而且强调"叙述者"是教师本人而非"外来者"。此外，作为叙事的行动研究，教师所叙述的教学事件除了"偶发事件"之外，更多的是属于教师本人的有意识"改变"，是对改变之后所发生的事件的叙述。正是在这个意义上，才能理解"写作方式实质是一种行动方式"，"如果不改变教学，教师将无话可说"，改变教学是一个逻辑"起点"。

【典案例证】

综合实践活动是一种"审美的行动"

在我的综合课上，我总是引导学生在创作作品之时，学会欣赏作品，不仅完成作品，而且要发现另外的东西。我有意识地培养他们的审美情趣和艺术表现能力，努力把"我学习"变成求知之外的审美行动。我们在研究活动中，需要摄影时，老师就会和同学们一起学习摄影的技巧。在研究和讨论摄影技术时，老师会先用图片来展示，有时是一幅鲜活的活动场景，有时是一个投篮时的优美动作，也有时是一栋美丽的建筑，或是一个工人在建筑工地火热工作的场景等，用它们来引入主题。从教法上讲，这样操作能够很好地导入新课，贴近学生的真实生活，直接给学生以美的享受。我在这次教学过程中注意引导学生，要他们注重感受，让他们认识到，是劳动创造了物质财富，也创造了精神财富，劳动是创造美好生活的源泉。

一位同学在课题的研究报告中写道："通过这次拍摄实践，我们掌握了摄影的基本要领，更重要的是让我们知道了什么是美，什么是丑，提高了我们的审美能力。"

　　从这个案例我们可以看出，老师的行动是"有意识的改变"，是对改变之后所发生的事件的叙述。这样的叙述其实就是一种行动研究，如果没有教学的"刻意观察与思考"，老师是无话可说的。

校本培训中的生活叙事

我在无锡工作的那段时间，有自己的名师工作室。工作室设在校内最后面那幢综合楼上，那儿非常僻静。因为是单独一间房，我便可以经常邀请部分老师过来喝茶聊天。大家不刻意谈工作，后来那儿就慢慢成了语文学科组教师聊天的地方，再后来就慢慢地形成了"喝下午茶"的习惯，大家都知道校长那个地方是一个喝茶的地方。张世成老师的工作室在我隔壁，他是我最早邀来的喝茶聊天者之一。他能侃、能写、能做，在学校被称为"厚脸皮"的人，就是只要学校来专家，他一定会凑上去，聊一通，然后就与专家成为朋友。此外，吴红明、黄冕、耿雁冰、钟演、杜娟、杨静等一批教师就是在我们这个喝茶聊天室里中成长起来的。

教师的生活是丰富的，教学教研、站讲台不是教师工作内容的全部，教育教学只是教师生活的"子集"，许多生活的内容都在教学之外。我们也都知道，老师们都喜欢讲故事，包括自己的故事，如果把他们讲的故事用电脑进行"录像"，一定会引起许多同行的关注与共鸣。教师讲生活的故事我们称为"生活叙事"。因为这些生活叙事与教学相关，又没有明显的界线，非常适合老师去写，也很容易写出来，写好的文章也适合老师们阅读。

事实上，所有的老师和专家面对教学都是需要反思的。由于没有权威的参与，老师们坐在一起可谓平起平坐，没有压力，于是便经常开一些小型的碰头会。比如大家有时间就约在茶馆或者家里碰头，喝茶聚餐，顺便聊聊工作，每一次碰头不一定有明确的主题，聚在一起以后就随意谈些思考、体会，或对关注的某个教育事件发些感慨。这样的聚会事先并没有规定讨论的主题，但就在这种随意交谈和感慨的过程中，我们对某些问题的认识、看法竟变得清晰起来。有时整个碰头会自始至终都是无目的闲谈，但待结束时，大家就会发现其实刚才一直是在争论某一个问题。在讨论中提出的问题和相关的回应很快就会被运用到接下来的校本研究中，而接下来的校本研究中又会出现新的感悟、问题和困难，这些又推动着大家继续琢磨，等待大家再"碰一碰头"的召唤。我们对碰头会的时间和频率并没有刻意约定，但在真实的校本研究中产生的真实问题，推动着大家每隔一段时间就想碰碰头，总有"不能不交流一下"的念想和冲动。经过多次循环，对于校本研究中的基本精神是什么，中小学教师如何通过叙述自己的教育故事来促进自己的反思性教学等问题，我们开始感到心中有数。

中小学的校本研究既发生在具体的中小学的教室里，也发生在"碰头"的家里、工作室或者茶馆里。这就有点像英国学者斯登豪思提出的两种行动研究：一是中小学教师亲自进行的"一线研究"，参与研究的教师被称为"内部研究者"；二是由来自大学的研究小组进行的"二线研究"。"一线研究"和"二线研究"构成了某种互动、合作的关系。我们和南京师范大学教育领导与管理研究所的合作项目——欣赏型探究推进区域优质学校群建设，就是以这样的研究方式，取得了很好的研究效果。

张世成老师多次在聊天中，谈到他的物理课堂，谈到因"教师立场"的"顽固"、缺少科学精神而做的深刻反思。他不仅谈了许多教学细节，而且说了许多课外与学生相处时所获得的启示。后来，他全部用电脑记录了下来，写入《证据物理》一书。这就是十分典型的生活叙事。

校本培训中的自传叙事

自传叙事是以作者自己的人生经历来表达自己的信仰。

中国近代意义上的传记文学与胡适的努力有关。胡适曾热心倡导"自传",他自己也在不同时期写过自传,给后人留下《四十自述》《胡适口述自传》等名篇。胡适在《四十自述》的自序中说,"我在这几十年中,因为深深地感觉中国最缺乏传记文学,所以到处劝我的老朋友写他们的自传"。照他的说法,"我们赤裸裸的叙述我们少年时代的琐碎生活,为的是希望社会上做过一番事业的人也会赤裸裸的记载他们的生活,给史家做材料,给文学开生路"。

"自传"相当于克尔凯郭尔式的"自言自语",是人与自己对话。人正是在与自己对话的过程中形成"自我意识"并获得"自信感",人有怎样的"自我意识"和"自信感",就会成为怎样的人。奥勒留由此断言:"一个人不注意别人内心活动而变得不幸诚属少见,而一个人若不注意自己的内心活动,则必定不幸。"自传的写作过程就是一个自我思考过程,所以蒙田在他富有自传色彩的《随笔集》中说:"如果说我创造了这本书,那么也可以说这本书创造了我。""已经好几年了,我一心思想我自己,我只研究和检验自己,如果我还研究什么别的,那也只是为了有朝一日把它用于自己,或者更确切的说,为了使他归于自己。"

自传的方法论特征在于,"它不同于实验心理学研究,所研究的不是客体及其属性的发展,而是由自我意识的主体即几个人的发展。传记作者感兴趣的不是他主人公发生了什么和由于何种原因发生,而是主人公把自己变成了什么和为什么这样做。虽然从这种'故事'里无法归纳出其他人的生活所必须遵循的规律,但他提供了一个有富有教益的实例:这种事是可能的,或者说是常有的"。自传的叙述者,在叙说自己的生活史中发现

"自我"，这使自传文学成为文学与心理学的一种重要表达方式。

　　传记法不只是一种文学的题材，它还作为研究的方法而广泛应用于历史学、社会学以及心理学等研究领域。在心理学研究中，"日记和自传成为再现个人生命世界的主要资料来源"。在精神病学中，"生活史"和临床检查结合起来，目的在于查明病因即最初的心理创伤，"传记作为文学史、艺术史、政治史和科学史的一种常见的有认识价值的形式，虽然还不具有理论的性质，但是到 20 世纪初，它本身已经形成分明可见的两极——阐释学和精神（心理）分析学。……诠释学作为一种从历史角度认识、诠释、破译人的活动及其产物的隐秘内在含义的方法，把传记视为最高级、最有教益的人文科学研究形式。但是，在狄尔泰和米什的著作中，传记实际上已经成为一种广义的自传，也就是从主体本身的角度观察主体精神成长的历史"。

　　教师的"教育自传"也可以视为一种"教学日记"，这种日记为的是清理自己的人生经历而"找到自己的位置"，有助于理清自己的思想和感情，保持对过去生活的反思。按照科恩的说法，"传记"以及"自传"的方式是为了概括人生的经历，体验人生的意义。当老师们讲述自己的教育故事时，这种谈论教育的方式就有些像叙述自己的自传，我们把它叫做"教育自传"。于是，我们鼓励老师们着手写教育自传，平时写论文"不知道从何说起"的老师，在教育自传里却挺有话说的，老师们似乎在写的过程中找到了言说教育的感觉。老师们在讲述他们的教育生活史的过程中，不再对教育生活感到冷漠。中小学教师是否一定要像高校专业研究人员那样谈论教育？他们是否需要、是否可以有自己的谈论教育的方式？中小学教师在提交研究报告时，是否可以"换一种说话的方式"？转换后的说话方式不一定局限于"教育自传"，但可能与"教育自传"类似，我们把它叫做"泛教育自传"。这种"泛教育自传"包括所有讲述自己真实的教育经历、教育做法和教育想法的谈论方式。比如教学设计案例（类似于"教案"）、教学反思案例（类似于"教学后记"）、"教育生活故事"、"学生个案追踪"、教育对话、教师日记等。如果一个教师的教学设计、教学案例、教学反思案例等真实记录了其教育生活，那么这些案例本身已经是教师教育自传的一个部分了。那么，这似乎印证了某些自传理论的说法，例如："所有的小说，细思起来都是自传"（法朗士）；"我的所有作品都是我的自画像"（卢梭）；"没有一种理论不是一个精心准备的某种自传的片段"

（勒热那）。从这个意义上讲，老师们撰写的教学设计、教学案例以及教学方法案例，可以视为他们教育自传的一系列片段。把教育自传当做老师的一种历史材料，这也是社会学研究常用的方法。

教育自传除了便于我们研究教师、理解教师之外，似乎还有更重要的价值，那就是让老师们以这种说话的方式学会"自我反思"，并经由"自我反思""自我评价"而获得某种自我意识。"教育自传"何以能够引起老师的"自我反思"呢？其秘密就在于当老师撰写教育自传时，只需要回忆、记录自己教育生活中发生的教育事件，而不必再勉强自己谈论教育道理、教育理论。令人惊异的是，当教师在讨论会上要用教育概念来谈论教育理论时，教师几乎显得没有什么理论水平，而当老师不直接谈论教育理论，只是反思教育生活中发生的教育事件时，教师的教育理论就常常蕴含其中，而且这些教育理论已经不是一般意义上的理论，而是已经转化为教师的教育信念。这是很"神奇"的事情。所以，在校本教学研究中，需要鼓励老师讲自己相信的教育理论，鼓励老师们以"我认为……"或"我不认为……"等方式来提出自己所相信的教育理论。当教师以这种方式提出自己所相信的教育理论时，教育理论在这里已经转换为老师的教育信念。而说出自己的教育信念，这是我们建议老师们撰写教育自传的一个初衷。

教育自传何以能够蕴含教育理论或者教育信念？这和教育自传本身的性质有关，任何自传总是叙述具体的教育事件。这种说话的方式把说话者自然而然地带到事件中，让说话者"面向事件本身"。这就是教育自传的秘密，也就是"换一种说话的方式"的秘密。所谓换一种说话的方式，也就是让教师用自己的话语而不勉强地用专业概念术语来讲述自己的教育生活中所发生的教育事件。我们不必担心老师没有教育理论，只担心教师对自己教育生活中的"教育事件"不够敏感。当老师已经具有某种教育事件意识，当老师讲述自己的教育故事时，教育理论已经蕴藏其中了。

几年前，我经常和张世成、钟演等教师聊天，谈教育教学生活，他们会碎片式回顾那些往事，后来渐渐地通过这些事情归纳出自己的教育理念，他们的许多论文就是"从这里出发的"。这便是教师自我教育理论产生的过程。在教师写论文难，为写虚伪论文而困惑的今天，倡导写"生活叙事"是十分有意义的。

闲暇与教师的日常生活

　　回望自己30余年的教育生活，最有意义的当然是校园生活，每一天与书本、学生、同事打交道，这些点点滴滴让人难忘。然而，这不是教师生活的全部。同样具有意义的是，教师课余时在家中、图书馆里阅读、分享，同样是意义非凡的。我从一名乡村的普通教师成长为特级教师、正高级教师，成为一名在基础教育领域有一定影响力的教育工作者，能够拥有数千卷藏书，撰写数百万文字，都是闲暇时间的"功劳"，其间可能有愧于家庭，但人间自古得失寸心知，世间哪有完美？

　　在业外人士看来，教师闲暇时间很充足，除了正常的双休，一年两个假期近三个月的时间，很惬意，事实也的确如此。然而，很少有人去研究教师的闲暇与发展问题，教师自身也很少去思考——闲暇时间实质上是最好的发展时空，这是一个很遗憾的事实，也是教师发展中的一个误区。从一定意义上说，教师专业水平的差异就是闲暇的差异。早在十年前，我就在校本培训中提出"教师的闲暇与必要发展"的研究。我主张教师的假期不完全是"放松""释放""调节"功能，而是具有"充电""贮备""准备"功能。一个不去利用闲暇发展自我的教师，想要走得更扎实或者发展得更好几乎是不可能的事。一个不利用闲暇时间来思考与改变的教师，充其量只能是一个熟练的"匠人"，而不能成为一个教育创造者，也无法拥有心灵的自由。

　　今天的校长和老师都挺忙的，我常常是几天忙下来，都不知道自己是在忙什么，而越是忙，就越是觉得空虚。可每当放学以后，校园安静下来后，或者在休息日，特别是假期，安静地坐在书房或者办公室，我就会思考很多问题。教师自然需要从繁忙的工作中暂时解脱出来，回归家庭与生活之中，然而，一个可以称得上专业的人士都需要不断思考。教师的劳动看起来是集体性的——教研组、备课组、班级任教集团等。然而，我们自身又常常是个体性的，面对一个班级的某一学科教学，我们常常是"孤军奋战"，那些"煞有介事"的教研活动，在许多学校常常也只是适时应景的点缀。笛卡尔说"我思故我在"，肯尼斯·J. 格说"我联故我是"。将他们的话语连起来，就是人需要独立思考和与别人交流。从这个意义上说，一个可以称为自由的人，首先是为自己活着——活出自己，在自由创造中，成为他自己。一个没有自由（心灵的自由）的人，是为别人而活，或者更可怕的是连这个"别人"是谁都不知道。所以，人必须不断地改变自己，但时间悄悄腐蚀人的意志。人要在最关键的时刻能当机立断，转换一种生活方式。

在一种个体常常被剥夺了时间自由的生活中，人如何改变自己？人在受限的圈子里还有一跃而起的可能吗？看来，人要"跳出来"找到自己，首先意味着要"寻找"时间，去寻找原本属于人而又消失了的自由时间，像马塞尔·普鲁斯特的作品所命名的那样——《寻找失去的时间》。

人生本是一个关于关于时间的函数。所以，校本培训也具有时间的意义——清楚学习（教学）的本质是时间。人的发展本身就是和时间赛跑——寻找失去的时间。每个人每天只有 24 小时，时间对谁都一样公平。有人想跳出去，首先意味着去寻找时间，寻找原本拥有却又失去的自由时间，普鲁斯特的《寻找失去的时间》成为这种辩护的一个象征性事件。正是基于这样的认识，我在过往的学校治理与校本培训中，特别注重时间的管理，力求做到时不我待。正是基于这样的整体思考，每学期我都整体规划教师的培训，以"36 学时"为载体，安排校内外的教师培训、寒暑假的教师阅读，核验规划中的各类教师发展目标的达成情况。我常常会在每一个月的月末，认真盘点并思考：在这一段时间里关于教师发展"我们做了哪些事情""教师得到了些什么发展""我们还能做些什么"等。我的后勤主任耿雁冰，周末与节假日至少有一半的时间在学校，这一半的"一半"是用于阅读、钻研教材与写作，五六年的时间他成为一个科研带头人，十年就可以成为一个"特级教师"，这就是一个最好的说明。

教师的时间意义就在于，当人拥有了时间，教育生活才获得了完整的意义。时间的连续性使电影成为可能，否则只是零散的图像，教师生活没有连续的事件，便没有连续的人的生活。时间也使人的生活成为一个整体，否则也只是零散的碎片，没有完整的人。当人拥有了时间，人的生活就获得了完整的意义。从一定意义上说，人拥有完整的时间，才是完整的人。这并不是说，人的成功可以对时间"消费"随心所欲，而是在于恰当地用好时间。因此，引导教师规划自己，帮助教师成就自己，学校有所作为的地方还有很多。

教师从反思走向自由创造

　　人要过有思考的生活。教师的劳动是特别的，尤其需要思考。柏格森认为，要从受机械统治的世界里抽身出来进入纯粹的精神世界，获得"自由意志"——对教学进行新的创造，人是可以"没事偷着乐的"。苏格拉底说："未经思考的生活，不值一过。"犹太谚语："人类一思考，上帝就发笑。"苏格拉底和犹太人好像都只说对了一半，或许因为苏格拉底已经说对了一半，所以犹太谚语只说另一半。米兰·昆德拉的解释是"因为人们愈是思考，真理离他愈远，比如堂吉诃德左思右想，他的仆人也左思右想。他们不但未曾看透世界，连自身都无法看清"。而在拉伯雷的小说《巨人传》里，小说主人公巴汝奇最大的困惑是到底要不要结婚，他四处云游，找遍良医、预言家、教授、诗人、哲人，这些专家们又引用希波拉底、荷马、赫拉克里特、柏拉图和亚里士多德的哲言。可惜皓首穷经，到头来巴汝奇还是决定不了是否要结婚。"欧洲最早期的小说家看到了人类的新处境，从而建立一种新艺术，那就是小说的艺术。"其实，真实的生活既不在于"反思"，也不在于"闲暇"，似乎在两者之间。真实的生活总是在"辗转反侧"与"心安理得"之间相互转换。

　　教学不是熟练的工艺，而是一种"反思"的艺术。"反思"，实际上是人对自己所做之事，所持观点的一种回顾，进而形成某种"自我意识"，并由此逐渐"认识自己"。人总会有自己的想法和做法，但唯有那些借此对自己展开反思的人，唯有那些形成某种"自我意识"的人，才称得上是真正的人。唯其如此，康德在《使用人类学》一书中开篇就说："人能够具有'自我'观念，这使人无限地提升到地球上一切其他有生命的存在物之上，因此他是人。"

【典案例证】

综合课让学生学会主动学习

学期结束时，综合课的课题均已结题。因为初二年级的信息技术教育课要会考，沈老师便准备给初一学生进行一次信息技术教育的测验，看看他们一年来学习效果如何。于是，沈老师单独抽了一节课，用当年初二年级的会考试卷来测验他们。同学们立即投入到答题中，非常熟练地上网进行搜索，不需要老师多讲，一切似乎那么顺理成章。而对于沈老师来说，这种现象在她从教这门课十多年的教学生涯中，是从未见过的。在以前分科教学的时代，带学生做练习题的时候，如果沈老师不先讲解试题，学生会不知所措，不知道可以用搜索的方法来研究、解决问题。虽然网络搜索已经学过，但他们从未形成自主学习、自主探究的习惯，总是等着老师的讲解。

沈老师觉得综合课实施的这一年来，学生至少已经学会了自己尝试主动获取知识，不再是等着老师来教。她写下了这样一段教学反思：教学这件事有时候我们真的不知道做法对不对，也不知道效果好不好。所以，也不敢轻易做出新的尝试。就这样一年一年地按照保守的方法去教。可是这样下去，教学永远都不会有进步。但是事实证明，教学又是必须改变的，否则永远不能前进。不过，我们也应当放心，只要为了学生，调动学生参与，用正确的思想和理念去做，相信自己一定会成功。

沈老师的这段反思给了我许多启示。教师只有养成反思的习惯，才会不断挣脱传统思想的"牢笼"。而只有反思带来的改变，才能让老师获得"新生"。教师之所以能够"反思"与改变，"用正确的思想理念去做，相信自己一定会成功"这种教育信念是无比珍贵的，否则"反思"根本就没有动力。

副校长黄冕的办公桌在我对面。每当从课堂上回来，他只要抽烟不语，我就会问他上课又遇到了什么问题，他便会轻松、愉悦地坦陈：某问题提问后学生反响强烈或无动于衷，此时他就会在那儿自责，是否是某环节处理不当，显得有些懊悔。

有时候教学又是不可"思"议的艺术。如果总是"全神贯注",人会成为"疯子"或者"白痴",这是说人可能"死于忧患"。真实的教学生活总是在"落荒而逃"与"安居乐业"之间,在"灰头土脸"与"春风得意"之间,在"殚精竭虑"与"无忧无虑"之间,在"心烦意乱"与"心安理得"之间,在"经久不息"与"适可而止"之间,寻求一种相互平衡与相互转换。

对教师而言,能否以反思教学的方式化解教学中发生的教学事件,这是判别教师专业化程度高低的一个指标。但这不是说教师必须长期地过一种反思教学的生活。只有当教师的教学中发生了某种教学事件,只有当教师以经验的方式无法解决这些教学事件时,教师才需要由日常教学转向反思教学。反思教学是教师日常生活经验中的一种觉醒,这种"觉醒"并不会导致教学经验的贬值。恰恰相反,反思教学能否发挥效用,是否能够长久地影响老师的教学生活,关键在于反思教学在多大程度上能够转化为老师的日常教学或经验教学。反思教学与日常教学必须保持某种相互转化的状态。第一,反思教学是对原有的经验不满足,甚至是原有经验的某种挑战,这会在不同程度上给教师的日常教学带来焦虑和不安。教师不可能也没必要总是生活在反思教学中,当教师的原有经验足够解决所遇到的教学问题时,教师有权利用自己的教学经验和教学智慧,当机立断地解决教学问题。即使将反思教学理解为教师在日常经验中的"觉醒",人也没有必要长久地处于"觉醒"状态。第二,经过反思教学所获得的新教学理念,只有转化为教师的日常教学经验之后,新教学理念才能落实为教师的日常教学行为。若某种反思教学不能转化为教师的日常教学经验,或者反思教学没有被老师原有的日常教学经验所认可和接纳,这种反思教学就是暂时的、无意义、无效的反思。第三,教师的反思教学只有与日常教学相互转化、相互结合之后,教师的反思教学才可能日常化,而不是某种偶尔为之的、装点门面的、有校外专家在场的特殊方式。反思教学一旦能够与日常教学相互转化,就意味着反思教学已经成为一种自觉的教学行为。一旦教师无法以经验的方式解决教学事件,反思教学就会从日常教学状态中觉醒过来。唯其如此,反思教学才不只是存在于所谓的公开课状态中。

第八章

一场静悄悄的革命

不要老是想着做红烛

流着泪还是被燃烧

一点也不剩下

凄凄切切

你有没有想过

去寻找甘泉

浇灌着花朵

更化作了彩虹

扮美了天际

我默笑不语

因为我看到了

一个完整的你

"人就是他所吃的东西"

　　"人就是他所吃的东西!"这句话挺有意思的,这是哲学家费尔巴哈的话,乍听起来似乎有些令人费解,但说得很有哲理。从表面上看,人是靠吃东西维持生命的,而吃进去的东西经过消化,转化为身体所需要的养分,然后经过新陈代谢,留下有用的东西,排出无用的东西。有的人生活很精致,很注意自己所吃的食物,保持合理均衡的营养;而有的人则生活很粗糙,暴食暴饮,无所节制,结果造成身体肥胖症等多种疾病。从这个意义上说,"人就是他所吃的东西"。不过,费尔巴哈之哲思绝非饮食一样简单。读书也像吃东西一样,是谁在读书,读了什么书,怎样读书,结果绝非一样。这才是费尔巴哈所深虑的——人是他所要学习的对象。

　　关于教师阅读的意义,大教育家苏霍姆林斯基早就阐述过:"一些优秀教师教育技巧的提高,正是由于他们持之以恒地读书,不断补充他们的知识的大海。如果一个教师在他刚参加教育工作的头几年里所具备的知识,与他要教给儿童的最低限度知识的比例为10∶1,那么到他有15至20年教龄的时候,这个比例就变为20∶1、30∶1、50∶1。这一切都归功于读书。"温家宝总理在考察国家图书馆时曾经说过:"读书决定一个人的修养和境界,关系一个民族的素质和力量,影响一个国家的前途和命运。"民进中央副主席、中国教育学会副会长朱永新教授曾说:"一个人的精神发史就是他的阅读史,一个民族的精神境界在很大程度上取决于这个民族的阅读水平。"著名的江苏省特级教师,《不跪着教书》的作者吴非说过:"中国不缺想当官的教师,缺的是爱读书的教师;中国不缺搞应试教育的教师,缺的是有思想的教师。学校能否成为名校,能否为民族培养合格人才,除了正确的教育方针外,教师的素养是决定因素。"阅读可以启迪思想。阅读让教师站在巨人的肩膀上,和大师对话,拒绝平庸。阅读可以孕育激情：读书，就是和那些高尚的人谈话，获得真理、力量与美感，进入诗意的人生境界，获得奋斗的激情。这是精神的追求和心灵的熏陶，让人的精神充满能量。阅读可以点燃智慧：理想的书籍是智慧的钥匙，读书本身就是获得智慧的行为，书可以作为人心中永远的灯塔，引领自己时时清醒，步步睿智，获得更大的智慧，最终走向充足的人生。阅读可以催生创新：学习是创新的基础，创新可以转化为实践，日本索尼公司管理层人人熟读《孙子兵法》，并把它运用到商业领域中，这就是一种创新。因此，我校面对教师发展实施了"626 明师培养工程"，把阅读作为此项工程的重要组成部分，引导教师进行专业阅读，把阅读贯穿在此工程实施的始终。

一是校长荐读，所推荐的可以是一本书，也可以是单篇文章。校长定期向教师推荐一些经典的或者当下的热点文章，供教师阅读。以前我是双周向教师推荐优秀文章，可以是教育类的，也可以是人文哲思类的。二是假期阅读，因为假期老师有闲暇时间。每个假期向老师推荐暑假必读书与选读书，其间，可以开设专门的讨论组供教师们交流，努力使阅读成为一种习惯。为了将阅读落到实处，有布置就要有检查，开学时就要进行读书交流，我一般采用随机的方式进行抽查，催生自觉。三是阅读系统化。读书主题系列化，呈螺旋上升的趋势。在"626 明师培养工程"中，我们计划用以"主题阅读年"的推进方式：2019—2023 年的读书主题分别为："平静与幸福""课程与关怀""儿童与真趣""智慧与创新""情感与美学"。四是组建阅读组织。学校鼓励教师多样化阅读，倡导个人或者组织，如年级组、教研组、备课组，形成自己个性化的阅读团队，经常开展多样化的分享活动，丰富阅读体验。

此外，学校建立"教师读书管理办公室"，负责管理教师阅读问题。增加学校人事策划部的人员配备，落实校长室关于教师阅读工作的部署，收集统计教师读书笔记，分析相关数据，供校长室参考。该部门还负责每年教师阅读评价工作，写好工作总结，对外宣传学校教师阅读工作经验。教师阅读是一种慢功夫，看不见也摸不着。可是，如果形成习惯，形成了一种风尚，那么要不了几年，教师就会发生根本的改变，引导教师阅读绝对是"一场静悄悄的革命"。

用"节日"助推教师培训

　　校园生活总体上既需要安静，有时也需要一些"热闹"，保持一定的"温度"和"节奏"，让静如止水的校园生活有些小小的"波澜"。广州市华侨外国语学校有一个很好的传统，每个学年都会如期召开德育研讨会和教学研讨会。这两个活动犹如"节日"一样，从启动到闭幕历时一个月，有系列活动：开幕式、组织各类赛课活动、专家的主题报告、论文评选和颁奖活动、优秀论文交流活动。会后，学校一般还会汇编一个论文集，每年都有一定的成果呈现出来。以前一般都是开幕前呈现一个主题，但从2018年开始，学校根据发展规划，拟定了此后五年德育以及教学的主题，它们各自独立又相互联系，呈现螺旋上升趋势。

　　2018—2023年教学研讨会与德育研讨会主题如表1所示。

表1　2018—2023年教学研讨会与德育研讨会主题

时间	教学研讨会主题	德育研讨会主题
2018—2019年	习惯标准研制与 优秀教与学习惯养成	习惯阶梯标准研制与 优秀习惯养成
2019—2020年	课程领导力提升与 校本课程深度建设	家校合育机制路径与 有效策略探索
2020—2021年	校本课改思想凝练与 课堂"学模"创生	班级文化建设与 学生必备品格培养
2021—2022年	校本学科质量标准 研制实践范式探索	德育课程体系建设与 学生自主发展

（续上表）

时间	教学研讨会主题	德育研讨会主题
2022—2023 年	优质课堂文化建设与 教学品质提升	学生自主规划与 关键能力提升

无论是教学研讨会还是德育研讨会，五个主题都处于学校问题"中位"，既是超越时间层面的基本操作技术，又处于宏观的教育哲学层面之下，紧密关联，呈螺旋上升之势，就像是一个"圆"。五个问题既囊括课改教学的基本问题，又切合学校发展实际，体现学校教学整体之"圆融"，具有可操作性。我们的设想是，倘能认真做下去，五年一个周期，五年后学校可以将成果结集为《侨外教学论——教学研讨会成果集锦》《侨外德育论——德育研讨会成果集锦》，届时用"教育成果丰硕"来形容我们的努力也不过分的。两个研讨会贯穿全年，会议期间，活动丰富，老师广泛参加，一次有主题、有研讨、有清晰过程的研讨会就是很好的培训过程。

例如今年上半年的德育研讨会，我们是在广州市华侨外国语学校召开的，两天的时间里，所有德育战线的教学骨干教师和班主任用了整整一天的时间来讨论"常式＋变式"的"小习惯群"问题，认真而又热烈。加之专家讲座与总结，整个研讨会取得了优良的效果。

中小学一直处于"行政管理"模式下，对学术氛围、成就标准、个人尊严等方面关注较弱，更多是强调一种"组织效果""井然有序"和"冲动控制"，在乔治·斯特恩和卡尔·斯坦霍恩看来，如果从促进教师发展、促进学校发展的角度来看，应当更多关注"学校发展力"的建设。"学校发展力"包括学术氛围、成就标准以及个人尊严（支持扶助）等元素，学校的研讨会制度契合了这样的理论要求，因此是有价值的。而这种体现教师专业发展的本质特征的学校的习俗慢慢地就成了学校的文化。

学校校本培训文化不是"经历时间"后"自然天成"，而是常常需要"人造"。教师的成长也不是自然而然就可以生长出来的，而是需要"化育"，需要周期性地一年年积淀，进而形成行为习惯与传统特色，成为学校"习俗"，由"时空"走向"精神"。

"626 校本培训工程" 助力教师成长

我到广州市华侨外国语学校已经有近一年的时间，经过这近一年的学习、观察与思考，如通过专家把脉、课堂观察、问卷调查、访谈、座谈等几个回合的讨论酝酿，已经熟悉学校的各方面情况。教师是学校发展的根本性力量，是学校前进的动力之源。我认为学校面临着如何乘势而上、不断超越的问题，同时，学校要实现的二次超越，关键是队伍建设。经过几个月的酝酿，我们的培训模式逐渐清晰，于是校本培训的方案呼之欲出。

国内外学者研究教师成长的规律与特点，具有惊人的一致性，大体上将其划分为四个阶段，即 0~3 年为新手期，4~10 年为成长期，11~20 年为成熟期，21 年至退休为专家期（衰退期）。俗话说，"人往高处走"，那就必须"沿着阶梯走"，实施"阶梯式培训"。"阶梯式培训"其实是舶来品，原来是针对企业所需要的高级技能人才的培养方式。企业生产过程中，不仅需要会操作的技术人员，更需要许多能"知其所以然"、能解决问题的技能型人才。这就需要制订不同的课程、编制特定的教材对企业员工进行阶梯式培训，通过培训，提高员工素质，同时发现可造之才。学校教师的发展其实和企业员工的发展有异曲同工之处，企业的发展阶段（0~3 年、4~10 年、11~25 年、26 年以上）基本反映了教师职业成长的过程，三个培训主题则依照一般规律，为教师定制培训课程。

为此，我们根据教师自身实际，设置合适的阶梯——突出培训的主题：①对 0~3 年教龄教师培训的主题为"感悟教育的魅力"，通过培训与实践，让初出茅庐的青年教师初步感受到教育的魅力，稳定职业心态，增强教育自信，增强教育专业自豪感。学会总结与反思，逐步从幼稚走向成熟，从感性走向理性。②对 4~10 年教龄教师培训的主题为"追寻教育的真谛"，通过实践与培训，进一步增强他们对教育本质的理解，不断尝试走进教育的核心——理解学生、改善自我，增强教育的实践智慧。使其处理教育问题既能够迅速、敏捷、灵活，又能够把握分寸，做到适情、适度。确立人本主义倾向的师生观，形成新型的、多元交替的师生关系。③对11～20年教龄教师培训的主题为"眺望教育的曙光"，通过实践与培训，不断更新教育观念，促进其新陈代谢，自觉消减可能出现的职业倦怠，更加懂得教育应当高度尊重学生，深入地了解和尊重学生的权利与义务，教育更加民主，保持教育的信心与希望。④对21年至退休的教师培训的主题为"享受教育的幸福"，即通过实践与培训，让其更为充分地认识教师的职业意义，能够把自己的生命意义与之联系起来；此阶段的教师应有更高的人生境界和更强的将自己的价值理想付诸实践并取得成功的专业能力；有着更高的审美情趣，有能力发现、创造、享受和体验幸福。在退休之时，教师认识的境界不断升华，专业素养达到自我的顶点。

学校根据教师年龄所在层次，引导学科组以及教师制订个人专业发展规划，促进教师自主发展。在实现全体教师必要发展的同时，促进部分教师的充分发展。学校创设了"626明师培养工程"，计划五年内形成学校各级各类教学新秀、教学能手、学科带头人、名教师、教育专家的培养梯队。具体来说，就是培养领军教师6名——南粤优秀教师1名、省教育专家1名、省名教师1名、省骨干教师3名；拔尖教师20名——市名教师5名、市骨干教师5名，区名教师5名、区教坛新秀5名。骨干教师60名——校新秀、教学能手各10名，学科带头人、名教师各20名。学校针对培养对象教龄所在层次，围绕发展的阶梯性目标，设计相应的培训计划，促进教师的差异化发展。

"626明师培养工程"贴近教师成长，不是学校为了培训而培训的单方要求或者是校长"自以为是"的美好愿望，在实施过程中提出了分层分类的发展要求。

领军教师通过培训锦上添花：具有较高的教育理论修养，有较强的教育教学研究能力，有用于改革和创新的精神。教育教学成绩优异，在市区或者学校具有一定的知名度和影响力，领军教师的重要责任是引领团队发展。

拔尖型教师通过培训能独树一帜：能攻坚克难，积累经验，起示范作用。通过培训与教学实践，成为领军教师的后备力量，具有一定的理论水平，有较强的教育教学研究能力，教学实践能力强，教育教学成绩突出；

有较强的带教青年教师的能力，教育教学成绩突出。他们的重要职责是侧重于课堂教学的攻坚克难，成为课堂改革的先行者，能够针对课堂问题开展变革性尝试，以"为学"为导向，研究教学设计，增强创设教学情景的能力，善于整合信息并运用于教学，起到引领、辐射作用，带动更多教师形成教育教学研究的新风气。

骨干型教师通过培训做到教学个性鲜明：富有一定特长，具有良好的教育教学研究能力，教育教学工作有特色。在服务学生上有独到之处，能够开发学生欢迎的拓展型、研究型的微型课程，对学校特色课程建设有思考、有实践、有创新。对骨干型教师培训的主题定为"微型课程的设计与开发"。

其余的普通教师现阶段的发展目标是能完成好教育教学任务，认真履职，教书育人，站稳讲台，服务好学生，做到教学成绩保证，促进学生发展，家长满意，教育教学也能不断改善。

在"626明师培养工程"阶梯式培训实施中，学校尤为重视"价值引领"，强调"营造激励教师发展的管理文化"，完善"以教师发展为本"的激励机制，构建"教师发展为本"的平台，积极使变革与自我更新成为教师的内在需求，激活教师自身发展的内驱力，激发教师自我发展的热情、责任感和成就感，使教师将个人的发展与学生发展、学校发展相结合，在对理想与目标的不懈追求与努力实践中，创造业绩，实现价值。最终实现形成浓厚的教师发展文化，促进教师自我成长、学校良性发展的目的。

让自主阅读成为最好的培训

　　阅读可以改变教师、改变学生，这是当下学校教育管理的常识，更是一个正确的实践逻辑。在我多年的学校管理实践中，越来越清晰地认识到提倡并重视阅读的意义是无与伦比的。我前面走过的几所学校，特别是在江苏省无锡市凤翔实验学校，我尤为重视老师的系统阅读，沿着"学科专业知识阅读—教育心理、管理方法论阅读—大人文、大哲学阅读"的逻辑，努力构建通过价值引领以及良好氛围营造，促进老师读书，催生成长，在这个过程中也积累了一系列的成功经验。我之所以执着地呼吁教师的自主阅读（不是校长的强迫阅读），完全是自身实践的经历使然。过去二十多年的教育与管理实践中，我是深深地尝到了主动阅读的甜头，我觉得教育教学的丝毫改进都必须以不断学习为支撑，否则根本没有可能。

　　无锡市梁溪区教师发展中心的张世成老师，和我认识时（2008 年在凤翔实验学校相遇）还只是一位普通的物理老师，一个心无旁骛的教书匠。在学校提出的关于教师发展的各项决定与要求实施后，他是一个不折不扣的执行者，是一个专业发展的有心人。学校每一次邀请专家到校，他都会主动与专家交谈，进而和专家保持联系，积极向专家请教。张老师特别喜欢读书，每次读书交流会他都会分享阅读心得。在阅读中他变得越来越自信，越来越有教育主见。十年时间，他成长为江苏省特级教师，正高级教师。

　　在学校阅读实践中，涌现出一大批通过阅读快速成长的教师典型，耿雁冰老师就是其中一位。耿雁冰老师是一位化学老师，兼任后勤主任。在学校倡导教师专业阅读活动以后，学校为老师购置了大量教师专业读物，他如饥似渴地开始了阅读，几年间读了几十本教育专著。他不仅自己读书，还带领后勤保障部的所有人都读书。在他的带领下，蒋继征、朱建明、黄玉广（负责外勤）、平伟刚（兼校车司机）都读起书来，还积极撰写阅读心得，这在全中国的学校也许也不多不见吧？

耿雁冰老师还是一个有心人，把阅读与写作结合起来，善于观察教学生活、撰写教学反思，他的专业水平很快就得到了提升。他每年都会发表几篇专业水平较高的文章，还围绕核心素养问题研究，申报了省级立项课题。在同龄人当中，他较快地晋升为中学高级教师，并对几年后成为化学特级教师充满信心。

关于阅读促进教师成长这个命题的科学性与精准性已经不需要做任何讨论，教育家苏霍姆林斯基对此早已有了非常多阐述。教师实践性知识的获取有两个途径：一是教学实践与总结，是直接性的，但是这条路比较漫长，需要很长的时间；二是间接学习，即通过阅读获得，这条路相对比较短，获得比较快，方便灵活，不失为一种好办法。

校园里的师生阅读存在一个基本的逻辑——老师喜欢阅读才能促进学生阅读。教师第一、学生第二，这是一个不可逆的命题。老师阅读是前提，也是动力、引力，学生阅读是关键，也是目的。学生以老师为榜样，学生热爱阅读了，学习自主性、主动性等主体性的精神就全部激活了，一切教育就真正发生了。一个具有"自明性"的教师，正如哲人所言："不要像一个被强迫者那样劳动，也不要像一个将受到怜悯或赞扬的人那样劳动，而要使你的意志直指一件事情，即像社会理性所要求的使你活动和抑制自身。"

培训有效，学校就能改变

做好校本培训，绝非一朝一夕之功，也不是做几件事情就有明显成效，而是要坚持不懈且不断改进提升，其最终的目标是培养出学习型团队，孕育出研究型校园文化。教师是受过教育专业训练的人，每个人都具有学习力，实践证明，科学有效的培训是把教师引向更加专业境界最为有效的方式。实践也一再证明，唯有科学系统的校本培训，才能真正改变教师，学校也才能改变。

无锡市凤翔实验学校是我这些年来开展校本培训的一块实验田，我在过去的 10 年学校治理实践中，面对三所城市普通学校合并的一支教师队伍，面对一支曾经并不是很愿意学习提升的教师队伍，建校之初我就在思考怎么才能改变学校？我的教育信条——教师改变，学校就会改变。于是，把校本培训作为改变的重要抓手之一。通过校本培训的分层分类，一路走来，看到教师发展进步几乎与学校成长是同步的。正如我在为一位年轻教师证婚时所说的一句话："在凤翔的成长中我看到了他的成长，他的成长也印证了凤翔的成长。"这句话曾经在教师中流传很长时间，说明它得到了大家的认同。道理其实很简单，就是这样的一个简单的逻辑：培训—新观念—新尝试—教学有实效—再反思—再改变—形成自我教育理论—教师不断成长。老师们的意识改变了，他们研究的精神得到提升了，于是，学校就慢慢地发生变化。在系统培训中促进教师成长恰如一副对联：学如春起之苗，不见其增，日有所长；学如磨刀之石，不见其损，日有所亏。最大的变化不仅是教师中有多少人成为有称号的骨干教师，而且最重要的是学生观与教学观的改变——把学生当成学习的主体，确定学习的主人地位，最大限度激发他们的学习积极性与创造动力。这样的案例俯拾即是。

【典案例证】

"每一双眼睛都是那么专注"

在课题研究总结汇报活动中，每个小组都要完成 PPT 演讲稿，小组长为每一位组员分配制作 1~2 张幻灯片的任务，每位同学都认真地查找合适的内容，构思合适的版式，完成后上传到"电子档案袋"。

课后，平伟刚老师批改作业时发现：许沁滢同学把一个压缩包放进来了，打开一看，竟然是字体文件，原来她已经学会使用 Windows 非自带的字体了。于是，在下一节课时，平老师就把她的作品展示给全班同学看，在 PPT 中大家惊奇地看到了不一样的字体。平老师问许沁滢："Windows 自带的字体还不够用吗？""我要用自己下载的不同字体，这样我的作品更好看。""好！很多同学还不会安装字体，能分享一下你的技术吗？"

在许沁滢同学演示的时候，平老师看到每一双眼睛都是那么专注，这样的效果比老师自己一直不厌其烦地讲好多了！

"把半尺讲台让给学生，把学生推向学习主人的地位。"人人都知道这是正确的，可是很少有人会去做，因为这样是麻烦的。尽管喋喋不休地讲也是辛苦的，可是还是乐此不疲，这就是一个教育怪象。"每一双眼睛都是那么专注"，这是正确的教学观念带来的。

当然，学校与教师的改变，不能完全归功于校本培训，如硬件资源的改善推动学校变化，学校人事制度改革推动学校人力资源的变化，学校推动课堂变革改变教师，学校遇上某个机遇（如一批新的教师补充，让教师队伍的年龄结构得以改善，使队伍更有活力）等。但是培训所带来的理念变化以及经验传播的功劳是绝对不能小觑的。学校校本培训中的"每月一课""对话名师""名师工作室""新青蓝工程""阅读工程"等举措，都起到了积极的推动作用。每年暑假所开展的专题培训，高质量的专家讲座之后，不少老师都会用"醍醐灌顶"来表达自己的感受。学校校本培训最有效之处主要体现在：一是通过积极施压，使数十个年轻教师一入职就受到了严格的专业化训练，感受到良好的学校学习氛围，"蓬生麻中，不扶自直"。青年教师发展进步很快，激活了学校"一池春水"。二是积极营造教师"品牌计划"的"进阶式"培训，激发教师的自尊与进步，促使他们不断迈上新的台阶，所以在短短的六七年时间内，几十个教师就成长为各级各类的品牌教师。

用经典来"压住"浮躁的心

我们越来越感觉到，社会实在过于功利浮躁，人们都静不下心来，说到底教师也是普通人，也会如此。这些必然使教育不可能是一个"桃花源"，不太能够"独善其身"。大家都心浮气躁，过于期待那个"结果"，于是都不能安心静心，都急急忙忙，不知道要到哪里去。"静待花开"早已成为一种奢望。所以，我真心期待能够有一所"安心学习"的学校。

一所安心学习的学校是不是一个好学校，我觉得不用讨论了，我们可以用另外一个逻辑来表证，那就是凡是优秀的学校都是能够让人安心学习的学校，古今中外概莫能外。如剑桥大学、牛津大学、哈佛大学、斯坦福大学等，这些世界顶尖的好学校都是安安静静的。因为孩子在剑桥读书、工作，我无数次徜徉于剑桥的校园，漫无目的地走，从来没有看到过标语横幅之类的喧嚣东西。那些警示性横幅或标语，也许只有在我们国内的校园里才会看到。我就想，究其原因，终是要人抚平浮躁。

我们可以找出很多条标准来衡量一所学校是否为好学校，但是人人安心读书（教书）一定是一条最好的标准，甚至是一条"铁律"。能够让人安心读书的学校一定是最好的学校，不慌张、不虚张声势、不世故，甚至有时候很"固执"。现在绝大多数的学校很缺乏一种"固执"精神——坚持自己，不忘初心。致力于安心学习的学校是一种姿态，这种姿态就是很笃定、很从容，很自由。每一位师生都知道自己应该做点什么，心都能够放得下来。苏霍姆林斯基生前把这乌克兰基辅市乡村的帕夫雷什中学办成了一所世界名校，至今学校依然保持着当年的办学风格。现任校长德尔卡琪女士曾两次到访我们学校，作为苏霍姆林斯基的同事，她工作四十年了，每个月的工资折合人民币只有 2 300 多元，然而她依然不改其乐，执着于办"蓝天下的学校"。当年的叶圣陶在苏州农村的角直小学安安静静地教书，不仅教国文，还教全校学生的篆刻。经亨颐、丰子恺、夏丏尊、朱自清等在白马湖畔春晖中学的那几年，教书读书，讨论学问，坚定地和学生们站在一起，学生们的利益受到侵害时，他们拍案而起，辞职走人。可以想象那是一批怎样的学者。春晖中学可谓一个供人读书的世外桃源，远离了纷扰的世界。在这个世外桃源里，培养出了一批教育大家、名家。学校是最应该远离浮躁的，在这儿应该自然和谐，恬静安详，大家都能够把心放下来，安静地做事。办一所能让人安心学习的学校，是办学校的第一准则。让学校成为安心读书的地方，我认为要做的第一件事就是进行个人精神修炼，把心态调整好，有一颗向上之心，其次是有很好的规划和设计。

　　要使学校里的每个人都成为安心学习的人，需要做好三个方面的事情。第一，做好学校环境建设。校园充满书香的前提是处处有书可读，为此当精心设计：除了图书馆，校园的许多角落都可以随手拿到书，可以触摸书籍。第二，教师爱读书。教师要有读书人的模样。"桃李不言，下自成蹊"，学生沉浸其中，定会深受其影响。万事开头难，学校要通过各类方式加以推动。教师要"附庸风雅"，自律形成习惯。第三，学校要努力变得简单，要努力摆脱当下太多的干扰，有所为也有所不为。教育条规不是多多益善的，"大繁至简"，凡事追求简单精一，把一件事做到精致。少即是多，因为多了，就分心，就粗糙，甚至流于应付。大凡智慧精神的东西，都不能复制，不能批量生产。

　　这些年，我应邀在不少地方进行校长教师培训，每次都会问一问他们读过哪些书。我真的发现，校长老师读过的书真是少之又少。我觉得不要开出太多的书单，因为大家需要的读物毕竟有差异，况且说多了，就吓住了大家。但是经典还是必须要读的。我就简单一点，说出十来本，这可都是堪称经典的书，大家必须读。如《论语》、《孟子》、《大教学论》（夸美纽斯）、《什么是教育》（雅思贝尔斯）、《教育的目的》（怀特海）、《民主主义与教育》（杜威）、《教育漫话》（洛克）、《爱弥儿》（卢梭）、《普通教育学》（赫尔巴特）、《把整个心灵献给孩子》（苏霍姆林斯基）、《被压迫者教育学》（保罗·弗莱雷）、《学会生存——教育世界的今天与明天》（联合国教科文组织 1971 年教育报告）、《教育，财富蕴藏其中》（联合国教科文组织 1996 年教育报告）。这些都堪称教育经典之作，可以压住我们浮躁的心，读了，让我们有教育的勇气。

　　压得住"浮躁的心"才能回归"初心"，才是"享受那你认为是最好的东西的快乐"。正如哲学家奥勒留所说，"我们应当在我们的思想行进中抑制一切无目的的和无价值的想法，以及大量好奇和恶意的情感"。

创造"学习共同体"

　　形成学习共同体是校本培训的最大目标。日本教育家佐藤学先生在其《教师花传书》一书中反复称赞全国学校改革试点校神奈川县茅崎市滨之乡小学的教师"学习共同体",特别赞赏大濑校长兼备"清晰的思考力、温和的心性以及对教育的赤诚",称其是"一生的知己"。尤为赞赏的是大濑校长的观点,如"学校中学习能力最差,但最需要学习的人是教师","教师和小偷都不愿意让人看见手里的东西","教师容易成群,但因为成群却难以成为专家","是否擅长教学常常是天生的,对于教师的成长来说,没有什么大不了的"。他称这所学校的"学习共同体"是"低空飞行",是"蹒跚学步"。

　　回顾二十余年的学校管理经历,我一直着意于教师的集体学习。1996年,我开始做全镇小学音、体、美教师培训提升工程;1998年,电脑还没有普及,我就组织全校青年教师(35岁以下)集体学习电脑技术;2002年,我东奔西走,组织全校青年教师参加研究生课程班(后来因工作调动而没有做成);2004年,我开始关注并推行教师阅读;2006年,开始推行教研组课题制度;2009年,开始进行教师校本培训"36学时管理评价";2010年,开始做"教师项目研修中心""苏霍姆林斯基教学思想研究学习会""名师工作室""学科组长共同体"……这些做法无不体现了我注重"学习共同体"建设的教育思想。时至今日,我仍为我20多年前的这些做法感到欣慰。

　　"学习共同体"建设是学校教师发展不可缺失的要素,开展校本培训的最终目的是实现教师自觉学习,让学习成为一种习惯。开展培训,不是为了让教师学到多少知识,也不是为了教师都达到用文凭或者证书衡量的某种水平,也不是为了成为各种名头的品牌教师(名师、学科带头人等),而是为了让学习成为一种习惯,让老师成为终身学习者,成为善于反思的教育实践者。这样的培训是"以校为本"的培训，是"在学校里的培训"，是学校的人"在学校里提高"的培训。因此，校本培训的最高境界，不仅是要达到人人善于学习，而且要达到大家一起学习，每一个人都成为同伴学习的榜样，都能够从别人的身上学到未知的东西，在一起大家都是"有关系的"，随时随处都有合作与提高。

教师在教室里不再是一个"孤独的存在"，而是一个合作学习者，每天的教学任务看似是一个人在完成，但实质上谁都离不开同事的帮助，可以说，每一次教学任务的完成都是教师之间合作的结果，每位学生的成长都是一个教师群体集体劳动的结晶。对此，学校是"有预谋"的，是经过精心策划和设计的。学校在各类规划方案中都强调共同学习与合作的重要性，在评价工作中，都要考察教师之间的合作情况。每一所学校应当旗帜鲜明地反对任何"单打独斗"，无合作即使取得不菲的成绩也是不值得提倡的，甚至是要反对的。这是教育管理者应有的价值观。

一个学习型、合作型的学校应该有这样的风景：老师们不仅是在一起教书，更是抱团学习成长，是结成伙伴手拉手往前走，一起走向一个并不遥远，但充满诗意、期待与温馨的未来。教师共同发展既是"和而不同"的，又是充满个性与独特性的。教育者并不应该孤独，生活也不乏味，而是饶有兴致的。这样的团体是一个"学习共同体"，也是一个"成长共同体"，更是一个"命运共同体"。同行们生活在一个充满学术味的团体，有共同的话语，有共同的追求，大家相互成全。

在学习共同体建设中，学校的作为在于努力为教师提供发展平台和资源，它们是多样化、供选择的、教师乐于接受的。这些平台有小众化的师徒结对的"青蓝工程"，有普通的老师组成的各种各样的小型研修团队，也有因为对一个课题研究感兴趣而走到一起共同做研究课题。当然，还包括形成许多非正式学习的组织。更为重要的是，建立起一系列的机制，以机制促进良好学习团队的形成。这最终会形成一种风气，称为学校学习氛围，形成了浓厚的学习文化，从校长层面说，我一直主张"办学校就是办文化"。风气抑或习俗等，其实就是文化。这也是我们办学校的最终目的。尤其是在学校这样的特殊社会组织中，研究型文化是最珍贵的文化，因为他是直抵教育核心的。

无数实践证明，教师"学习共同体"具有不可思议的魅力，它能够负起提高教学质量、团结教师以及形成美好团队的重任，帮助教师追求并形成自己的信仰。

第九章

不能忘怀的成长记忆

键盘总是在噼里啪啦

那是我和灵魂在对话

精神可以四通八达

深深解读人生的密码

不要问我想做什么

我不想大脑让给别人跑马

兄弟姐妹们

我们一起奔跑吧

如果要问我究竟想做什么

我快乐地回答

我只想成全你我他

教师成长必然与时间密切相关。许多哲学家都论述过时间问题。海德格尔写过《存在与时间》，他将那些对人构成限制的人称为"常人"，这个"常人"无处不在又无影无踪，使人在世界中居住得不怎么自由。萨特写过《存在与虚无》，"虚无"是人的时间被他人掠夺之后的结果，因而提醒说，"他人即地狱"。教师的成长是一个"时间"的概念。柏格森说，人可以从烦琐的物质世界中解放自己，进入"纯粹的精神世界"，这个精神世界的本质是"自由意志"。人是可以"没事偷着乐"的。人只有拥有时间，才有可能"偷着乐"，才会拥有"自由意志"，有"自由意志"才可能创造。创造是教师走向幸福的必由之路，教师专业成长一定是"自由意志"的产物。

著名教育家苏霍姆林斯基曾经说过，"教师的时间从哪里来，一昼夜只有 24 小时……这里主要看教师本身的方式和性质"。（他举了一个例子，一个有着 30 年教龄的历史老师上了一节课，课上得非常出色，以至于包括区教育局的视导员都听得入了迷，忘了做记录。会后一位历史老师问，"您是花多少时间来准备这节课的？不止一个小时吧？"那位历史老师说："对这节课，我准备了一辈子。而且，总的来说，对每一节课，我都是用终身的时间来准备的。不过，对这个课题的直接准备，或者说现场准备，只用了大约 15 分钟。"）可见，怎样支配这 24 小时，取决于自己的"自由意志"。

以下我所列举的这几位同事，也许他们或多或少都是争取"自由意志"的人。然而，他们并不是天生拥有"自由意志"，而是我"强加"给他们的，不断使他们"醒悟"而拥有"自由意志"，而我，也许就是那个"拈花不语的人"。

用心就是专业

张世成，就是我前面所说的那个"厚脸皮"老师。每次学校请来专家，他都会凑上去主动攀谈，然后，与之成为好朋友，于是我就很"嫉妒"。十年前，他就是一个想"好"的老师。十年间，他苦身焦思，读书、教书、写作、做课题研究，"过五关，斩六将"。十年后，成长为市内外大有名气的特级教师、正高级教师、江苏省名教师，也是多个省份的省培专家，他真的是"十年磨一剑"。他是那个住在我隔壁经常来喝茶的人，一个"会吹"的人。他是一个典型的从"丑小鸭"长成"白天鹅"的教师。其间，我帮过他许多。从他成长的过程，我得出这样的结论：用心就是专业。

【典案例证】

"参照物"讨论的故事

张世成

一、缘起

冬天，我校许昌良校长来听我执教的初二物理——《运动的相对性》。第二天早晨，我们和平常一样在操场上一边快走一边聊课。

"老张，你昨天的课上得不错。"

"谢谢！请发问。"

"好，那我直说。你说楼房是运动的，对吧?"

"对，我说过。楼房可以说是静止的，也可以说是运动的。楼房是研究对象，如果以地面上的树木为参照物，它的位置没有发生改变，所以说楼房是静止的；如果以行驶的自行车为参照物，它的位置在改变，所以说它是运动的。"

"那我有一个疑问，如果说楼房是运动的，我明天到哪里去（找到楼房）上班呢？"

我一时难以回答。许校长继续追问，"你讲的固然正确，那是物理科学；我的困惑也是存在的，这是我的生活经验。你不仅要把结论讲正确，还应当有'学生成长在场'的过程，你要想办法帮我解决这个困惑，让我找到观念转变'心动'的证据。这样，我才会认识到科学和生活是一致的，才会把物理知识变成我自己的知识，才可能做到知行合一。否则，考试时我可能依照你教的物理知识来作答，生活中我依然会根据经验来做。"

"把物理知识讲正确"是我们"习以为常"的正确选择，许校长的追问让我意识到物理教学不是告诉、不是只追求一个正确的结论，"知识是学生精神发育的一粒种子"，我们应当用正确的、有质量的过程来得到有质量的结果，从而让学生的物理观念发生转变。

二、关注

2009 年冬，学校开始的校本研究主题是"学校主动发展实践中教师教学惯习转变的实践研究"。在这样的大背景下，物理学科组开始对那些习以为常的教学方式进行审视与批判。通过"课堂观察"发现类似于"参照物"教学的问题大量存在：为了得到正确的结果，我们经常不审视手段和过程。一位老师在执教"气泡的运动"（苏科版）时，图像明明不是直线，教师自己也发现了问题，可是她没有停下脚步来反思，因为"需要图像是一条直线，以此来说明气泡在做匀速直线运动"，所以该老师就说是一条直线。为了得出"正确"的结论，没有给学生评价交流、发表观点、提出"质疑"的权利和机会，硬是把所谓的结论强加给学生，让学生感觉做实验获得数据是一回事，基于实验数据交流分析得出结论是另一回事，给学生证据意识的培养带来严重的负面影响。

这是知识育人的典型案例。《PISA2015 科学框架草案》指出，科学素养是指作为一个有反思意识的公民能够参与讨论与科学有关的问题，提出科学见解的能力，该草案将"科学地解释现象""评价和设计科学探究""科学地解释数据和证据"定义为科学素养的三种能力。物理教学要从知识育人转化为素养育人，就应当将探究教学深刻化。证据是探究之根，它贯穿于探究的始终。从学生的发展来讲，有"根"的探究可以让他们经历"关键的几步"，通过在做中学和在悟中学的方式获得长远有效的方法性知识和价值性知识；从教师的研修来讲，基于证据的教学可以让我们更多地关注课堂上学生表达出的学习信息，成为善于收集学习信息并及时应用的"实践家"。可以推动学生之学，又可以推动教师的专业进步，"证据物理"就这样应运而生了。

2011年，《初中物理探究教学中证据意识培养的实践研究》成功申报为江苏省"十二五"规划课题。为突出证据，在实践中，我们将探究各要素划分成三个板块，组成一个"基于证据的探究链"——尊重证据、寻找证据、解释证据。猜想是基于部分事实得出的不确定结论。有研究经验的人知道，脑袋空空地进行探究将一事无成。已有的经验或者事实就是一个新探究的起点——尊重证据。提出问题并进行猜想应当是一气呵成的事情，提出主张时就应当一并陈述支持主张的理由。设计实验本身就是去"寻找证据"。在寻找证据的过程中强调思维的启动，而非单纯的动手实验、表面热闹。在实验时，要"保存记述观察结果的笔记，并将真实的观察结果同个人的想法和猜测严格区别开，这些想法和猜测是在一段时间之后由于对观察结果有所理解而形成的"。未知结论的探究能让我们畅所欲言，然后我们去寻找每一种假说的漏洞，最后得以验证的说法就是真相或者接近真相。这说明，要进行真实而深刻的探究，最好是大家一起从起点走向未知的终点，提供一个真实、未知、最能体现探究的真实和价值——解释证据思路，如图1所示。

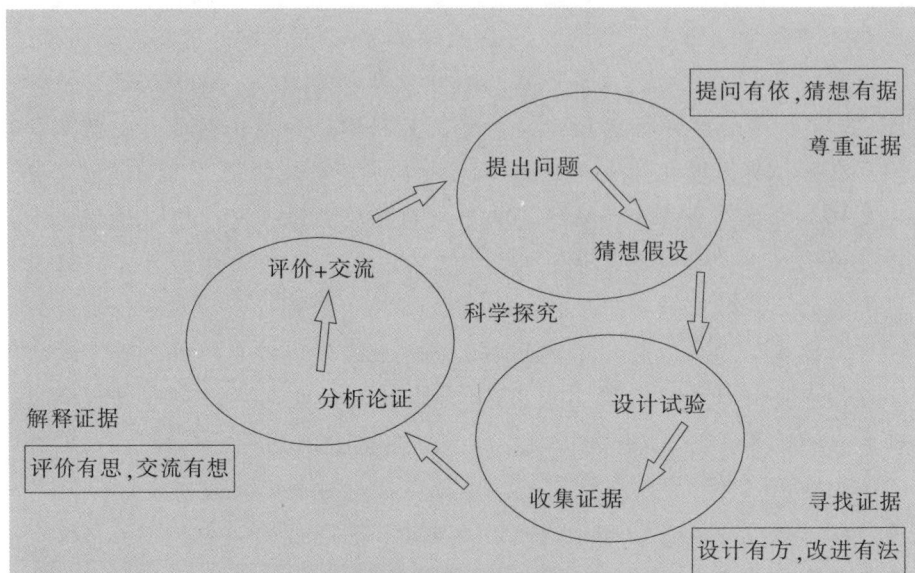

图 1 基于证据的科学探究实施策略

三、展示

2017 年 11 月，核心期刊《中学物理教学参考》杂志社邀请我在"全国物理核心素养研讨会"上上一节展示课，课题就是"运动的相对性"。

1. 前测：暴露前概念从而提升教学的精准性

运用教材中的图片，给出前测问题：小华和小明坐在同一辆火车上，小明（面向站台）认为火车没动，而小华（面向另一辆行驶的火车）却认为火车动了。你同意谁的观点？（请学生用指头表明观点：一个指头表示支持小明，两个指头表示支持小华，三个指头表示都支持，四个指头表示都不支持）30 位学生中，27 位同学支持小明的观点，3 位同学支持小华的观点。支持小明观点的同学给出的理由是：小明坐的火车停在站台上，位置并未改变。教师进一步追问："小华错在哪里？"学生一致认为："明明"是另外一辆火车在运动（相对地面），小华却认为自己乘坐的火车动了，是一种"错觉"。原来，学生只接纳以地面为参照物所描述的结果。

通过前测，找到了学生最顽固的前概念："习惯于选择地面为参照物，不接受以运动物体（相对于地面）为参照物所描述的结果。"了解了学生的前概念，接下来教师给出了机械运动的定义，接着给出实际情境，让学生依据定义去辨别物体是否运动，将重点指向以运动物体为参照物的体验活动。既然学生不习惯选择运动的物体作为参照物，那么，就要设计情境来迫使他们选择运动的物体作为参照物，从而打破原来的平衡，形成新的认知。

2. 后测：收集评价证据，考验并确认核心观念的转变

经过前面的体验学习，需要了解学生的核心观念转变程度如何，有什么证据可以显示学生的课堂增值？可以设计关键问题来进行后测。

师：楼房是运动的还是静止的？

生：可以说是运动的，也可以说是静止的。

师：你说楼房是运动的，那么，明天你们到哪里去找学校上学呢？

生：沿着地面找。学校楼房在地面上的位置没有改变，以地面为参照物，我们还是可以找到学校的。

我们可以根据需要选择合适的参照物。开始，学生默认楼房是静止的（山是山，水是水），建立了参照物的概念，认识到运动的相对性，认识到楼房可以是运动的也可以是静止的（山不是山，水不是水）；最后，经过考验和反思，认识到我们可以选择合适的参照物，这个时候我们就是有意识地选择了地面作为参照物从而找到楼房（山还是山，水还是水）。

原先我们认为楼房是静止的，是无意识的；现在，我们说楼房是静止的，是有意识的，是参照物的成功建立，是运动相对性的一次主动运用。经过后测，发现学生已经将新学的知识与日常经验融合在一起，并让经验得到生长。基于经验生长的课程是指学生最终由于教师对课程的传授而获得的经验上的改变，是从习惯走向反思和自觉，是课程的最终目的，也是课程效果的检验标准。

这节课得到了与会 500 多位老师的认同，最能引起老师们深刻思考的就是这后测。而这个问题思考的发起者就是许昌良校长。

2018 年 12 月，这节课获得教育部 2018 年度"一师一优课、一课一名师"；2018 年 5 月，我根据本节课的设计与反思所撰写的《前测后测，

证据促学——以"运动的相对性"教学为例》发表在核心期刊《中学物理教学参考》上。南京市栖霞区教师发展中心特级教师丁加旗听了我的课之后撰写了《初中物理科学思维水平划分与提升学生思维能力途径探讨——以"运动的相对性"一课为例》一文，发表在核心期刊《中学物理教学参考》（2018 年 5 期）上。

图 2　证书

"参照物"讨论的故事，是无锡市凤翔实验学校校本研修的一个缩影。校本研修，让我们学会了关注学生，"教心必先知心"；校本研修，让我们通过对"参照物"的长期关注来长见识。正如曾国藩所说："盖士人读书，第一要有志，第二要有识，第三要有恒。有志则断不甘为下流；有识则知学问无穷，不敢以一得自足；有恒则断无不成之事。"

四、展望

对"证据物理"的关注是为了改善我们的课堂教学，这种对"惯习改变"的研究带来最大的成果就是学科组老师们的课堂发生了明显的改变。有的老师善于做实验，有的老师善于开展丰富的实践活动，一边研究一边运用，大大提升了教师的实践品性。

如今，"证据物理"在社会上已经产生了积极的影响。近五年发表相关论文30多篇，有10多篇文章发表在核心期刊上，其中有5篇被人大复印资料《中学物理教与学》全文转载，撰写的《证据物理》等六本专著相继出版，"初中物理探究教学中证据意识培养的实践研究"获得无锡市第二届精品课题一等奖、江苏省第四届教育科学优秀成果奖、中国教育学会物理教学委员会"全国物理科学方法研究"成果一等奖。工作室被中国教育学会物理教学委员会正式挂牌为"全国物理科学方法教育研究基地"，被核心刊物《中学物理教学参考》挂牌为"中学物理教学研究基地"。

2018年7月，《指向评价的初中物理证据课堂实践研究》又成功申报为江苏省"十三五"重点课题，我们将通过基于证据的评价来推动"证据物理"的进一步研究。"证据物理"好比一辆奔驰的动车，它是"双核驱动"，"基于证据的探究教学"是"学科品质驱动"，保障课堂是有根的探究和可靠的科学态度传承；"基于证据的课堂评价"是"教学成效驱动"，保证了教师对学习的关注和促进。证据品质引领，评价有效导航，我们希望"证据课堂"能够让课堂有效但又不止于有效：最终将学生培养成善于独立判断和思考的人！

比努力更重要的是方向

　　人人可以成长，人人通过努力都可以成功。相对努力而言，方向也许更加重要。杜娟老师是我工作室的第一、二届成员，是一位十分优秀的语文老师，后来成为无锡市北塘区语文教研员。此后到华东师范大学进修，获得了硕士研究生学历。她诚朴、低调、务实，颖悟能力很强。从上课、听课、评课，到锤炼写作、开展课题研究与参与学术交流研讨会，再到她引领区域语文教学研究，每一个岗位都有标志性成果。她的研修行动力很强，全身心投入，工作忙而有序。在参加我的名师工作室研修的六年时间里，她从新秀到能手，再到学科带头人，一路成长起来，成为区域专业发展的典型人物。她成长的最大感悟就是"方向比努力更重要"。她经常会在交流的时候说："我们的前方有一块丰茂的绿草地！"

　　【典案例证】

研修着，充实着，收获着，感动着
——许昌良名师工作室研修感悟
杜娟

　　十年前，当学科教育发展日益呈现出科学性与艺术性整合、合作互动与个人探索相结合的趋势时，广大基层学校为了在教学质量上有所突破，日益注重名师的引领作用，力求在教育科研上形成以点带面的辐射与传承效应。在这样的背景下，无锡市原北塘区以江苏省特级教师许昌良校长为领衔人的名师工作室于 2008 年 11 月正式启动。许昌良名师工作室建在凤翔实验学校，当年学校投入经费 3 万多元，设置 40 平方米的活动场地，设施设备齐全，具有浓厚的文化与研究氛围。

2009 年，工作第九年的我正处于职业生涯的第一个瓶颈期，当时的我已通过进修取得华东师范大学教育硕士学位，工作中也时有取得成绩的喜悦，但更多的是对实践中教育教学问题的困惑。

也许是天时地利人和吧，一个偶然的机会，我有幸成为许昌良名师工作室的一员。就像有位哲人讲的："小溪是大海的起点，沙砾是沙漠的起点，种子是收获的起点，信念是成功的起点。"自加入研修团队以来，我觉得自己这艘航船就像重新鼓足了希望的风帆，在语文教学的海洋上扬帆起航。

一、比努力更重要的是方向

加入工作室后，了解到我的"职业瓶颈"，导师许昌良特意找我谈了一次话，至今我都清晰地记得许校长跟我谈话的内容：他先是对我加入工作室表示了热烈的欢迎（因为我不是第一批学员，我是工作室成立后第二年慕名请求加入的新学员），肯定了我以往工作中取得的成绩，尤其询问并交流了我对当时语文教学的困惑与想法。之后，许校长向我展示了工作室定位合理、思路清晰、措施得力的三年工作规划；明确要求我认真规划专业发展，形成积极的自我意向，拓展个人生命意义和职业潜能；指导我先分析自己的文化专业基础知识、教育观念、教育教学能力、实践技能、科研水平等现状，然后确定总体发展目标，最终分解三年阶段目标达成措施，做好专业成长方向引领。至今我的电脑里还存着那第一份《许昌良工作室教师主动发展规划框架》。

真的，在那份发展规划框架的引导下，我如拨云见日，一步步突破了职业瓶颈，实现了预期的规划：2012 年获得无锡市第六批教学能手的称号；2019 年，尽管我已经于两年前毕业于许昌良名师工作室，但工作室发展规划框架依旧发挥着引领作用，我再次顺利通过了无锡市第八批学科带头人的评审。其间，因为教学成绩出色，2011—2016 年，我还担任了无锡市原北塘区教育局教研室中学语文教研员的工作。2017 年师父被引入广州，但他还是牵挂我的专业发展，督促我申评学科带头人的问题。

二、在游学取经中收获成长

在工作室研修的几年，我受到导师许昌良"理论与实践并举，探索与务实齐驱"培训原则的影响，开始了大量阅读，认真上课，听课，写心得，撰写论文，研究课题，经常"走出去"抑或"请进来"，在导师的带领下"走南闯北"，聆听专家讲座，开阔眼界。

犹记得 2010 年秋季许昌良名师工作室开展"煮酒论语文"活动，邀请了全国六十余位语文专家及青年才俊齐聚凤翔，开展第三届"本色语文"课堂教学研讨活动暨中语会"校际联合体"成立仪式。这是我加入工作室后，第一次成为活动策划、组织、主导的核心力量。犹记得同伴学员杨静、伍少坚、陆文苑和外地教学高手一起为代表和嘉宾呈现了精彩的展示课。论坛上导师许昌良发表的主题演讲中阐述的"沉静语文"理念至今仍铭记于心。

犹记得 2011 年 10 月，在江苏省教育科学研究院、江苏教育学院主办的"全国课改典型初中名校名师特色课堂现场精彩观摩暨全国初中名校名校长课改特色经验报告会"上，我聆听了杨静老师展示的《蔚蓝的王国》的课堂教学后，充分感受到宁静致远的"沉静语文"课堂文化魅力。

犹记得 2013 年 6 月，许昌良名师工作室开展微课例研讨会，邀请了《语文世界》主编、南京晓庄学院教授、文学博士莫先武先生进行研讨。莫教授紧紧围绕微课例的内涵及如何进行微课例研究，理论结合实例地进行生动深刻的阐述。针对当下语文教学中文本的解读和作文教学中的种种问题，他将自己的研究主张——阅读教学中对文本"文学味"的探寻、作文写作教学中"文学味"的追寻和工作室的微课例实践研究紧紧结合起来，与我们进行互动式探讨，气氛异常热烈。

…………

参加工作室的这几年，承蒙导师许昌良积极创造机会，带领我南下北上西行，洞悉教改信息，把握当下学科学术即时动态，解了我不少教学困惑，并及时将一思一惑投注于笔端，也发表了几篇教学论文：《课外阅读："沉静语文的宗教"》发表于《语文世界：教师之窗》（2011 年第

10 期），《江成博教我们说真话》发表于全国中文核心期刊《思想理论教育》（2012 年第 14 期），《把握要素，读出美感——浅谈小说教学的审美把握》发表于首届全国中文核心期刊《江苏教育：中学教学》（2013 年第 3 期），《〈大雁归来〉拟人修辞教学片段》发表于《语文世界：教师之窗》（2013 年第 11 期）。

三、课题研究催生科研能力

导师许昌良一直教导我们：科研能力是教师专业进步的决定性因素，也是决定一个优秀教师能走多远的关键因素。所以他非常注重夯实我们每一位学员的科研意识与规范，从具体的科研知识、方法普及开始，从如何科学有效地听、评课入手，耐心细致地辅导我们，指点我们步入教科研的殿堂。

2013 年下半年，工作室针对作文教学的空泛无序现状，申报并获批了省级科研课题《初中作文课堂教学课型与实施策略的实践研究》，让我们每位学员在研究实践中迅速步入教育科研的正轨。2014 年 12 月，许昌良、王中意、余志明、金军华名师工作室的导师和学员们齐聚无锡市凤翔实验学校，开展作文教学课型研究活动。《全国优秀作文选》主编姚卫伟老师也应邀出席。为帮助初三语文教师更好地研究中考，明确中考新方向，及时总结区域语文一模考试的经验，确保语文备考复习质量，力争 2015 届中考语文取得优异的成绩，许昌良名师工作室课题研究暨 2015 年区一模语文质量分析研讨会于 5 月召开。我代表工作室学员开设了一节题为"他山之石，可以攻玉"的一模作文讲评课。课后导师许昌良对这节课做了精彩的点评：肯定了我作为教研员敢于下水、亲自捉刀的勇气，还评价这堂课具有"有始有终""有动有静""个体和集体相结合"的特点，极具中考"针对性""指导性"。

2015 年下半年，课题顺利通过中期评估；2017 年上半年，课题顺利结题。幸运的是，从选题、开题、中期汇报、课题结题，我全程参与了整个课题的研究，其间，我撰写的教学论文《细节描写训练进阶设计》发表于《江苏教育：中学教学》（2015 年第 12 期）。那几年作文课题的研究经历，让我对作文教学产生了浓厚的兴趣。2016 年 9 月回到教学一线后，我将作文课题研究中的成果在课堂上进行实践，至今作文微专题已经进行到三十讲了，所教班级学生不仅喜欢写作文，考试成绩还在年级名列前茅。从前的我觉得课堂研究是"高大上"的，但这次亲历研究让我重新认识到了课堂研究"接地气"的一面。

教师是一个平凡的职业，非常容易让我们平淡地度过流逝的年华。在工作室学习将近八年，我充分感受到了导师许昌良底蕴深厚、热心教育的魅力，感受到了工作室伙伴们孜孜以求、勤于实践、勇于探究的风尚。在这里，我努力让这份平凡并不平淡。

也许这八年我并没有取得值得炫耀的成绩，但工作室同伴们好学上进、乐于创新、勇于开拓的精神给予我很大的影响，尤其是作为导师的许昌良，本身就是我们的活教材——江苏省教授级中学高级教师，连续六年获得"江苏省师陶杯论文大赛一等奖""江苏省首届基础教育教学成果一、二等奖"，每年都在省级以上报刊发表文章十几篇……

尽管由于一些迫不得已的原因不能继续跟从导师许昌良，但优秀的影响是巨大的，他激励我在教育教学实践的岗位迈着坚实的步伐，一路充实着，一路收获着……

在此，我要郑重地对一直以来关心帮助我成长的导师许昌良先生道声："师父，真的谢谢您！"

有机会就一定能出彩

　　丁翎，一个聪明、漂亮的年轻女教师。曾因家庭矛盾，情绪低落了一段时间，那时我就在课余和姜丽玲主任一起找她聊天。我们的话也许就是她的心灵鸡汤，不一会儿，她又会像小麻雀一样开心起来，忘记一切的不愉快。可过两天，她又像瘪了的气球，又需要"打气"。有一天，她开心地告诉我，"老公终于长大了，知道照顾家了"。我说："这不就是你信奉的'花苞心态'的教育理念的具体体现吗？教育与生活不是一致的吗？"她笑得很灿烂。如今她已然成熟，并走上学校的中层干部岗位，更重要的是她斩获了市教学能手的殊荣。她很有灵性，点到即开悟，真是一棵好苗子。当年我也正是看中这一点，吸收她为学校的"项目研修中心"的学员。经过几年的研训，她走南闯北上公开课，锻炼成长得很快，成为学校专业成长的一个典型。特别是那次带她到南京市行知小学参观学习，她就深谙杨瑞清校长的"花苞理论"，信奉着：花苞心态，学会等待的教育价值。正是因为花苞心态，她也收获着精彩。

　　【典案例证】

在实践中对话　在研修中成长

丁翎

　　许昌良校长在任期间的无锡市凤翔实验学校，十分重视教师发展，把教师队伍建设作为推动学校内涵发展的原动力，积极为不同层面的教师搭建发展平台，制订切实可行的行动计划，形成重学习、重实践、重研讨、重反思、重合作的研究氛围，提升教师专业素养。2010—2013年，学校在许昌良校长的带领下，在我们青年教师中开展了"项目研修中心"学习培训。我们每位学员认真制订了三年规划，经过三年努力我们都有了质的飞跃。培训期间江苏省教科院专家定期莅临学校指导工作，展开热烈的听课评课活动；专家们高屋建瓴的指导，使学员掌握了更多新的教学理念，让大家受益匪浅。每年学员们都像当年报考教师编制时那样紧张而又执着，汇报交流本年度的个人研修历程和成果，以及在研修中遇到的困惑。专家们仔细聆听了每一位教师的发言，并对如何解除困惑一一做了指导，这让老师们茅塞顿开。

一、搭建平台，惟吾独享

本人有幸参加了学校的"项目研修中心"，三年多的学习让我在专业成长的道路上有了相当大的进步。研修过程中，学校和江苏省教科院精诚合作，教科院为我们提供了更多的平台和机会，让我们青年教师的科研能力得到大幅度提升。2010年，由江苏省教科院举办的首届江苏省"杏坛杯"教育教学比赛在泰州举行，许校长给予我机会，选派我代表学校参加了比赛，这样的机会不是所有学校都有的，是许校长利用个人资源让我们学校教师有这样的机遇。在赛课准备的过程里，我经历了太多的磨砺，那是一个"痛并快乐着"的过程。经过专家的指导，加之自己的努力，最终获得了省级一等奖的好成绩。这个省级殊荣的获得受到我们市里教研员的重视，接着市教研员来校帮我进一步改课磨课，经过教研专家指导和自己的探索研究，让我领悟到教学内容的安排决定着课堂是否真正有效，也认识到在内容安排上要遵循这样一个原则：想要让学生在一堂课45分钟真正能学到美术知识，达成教学的三维目标，我们在设计课堂内容时就要"以点带面"，创新教学内容。这些课堂领悟是自己非常宝贵的教学财富。

课堂教学质的飞跃随之也让我有了更多的发展机会，走出校园，代表市里参加了许多活动。2011年，在浙江嘉兴"南湖之春"教育教学展示活动中承担示范课《趣味立线》现场展示。2012年，到盐城和淮安两地去送教活动，认识了很多学科专家，这对我以后的专业发展很有帮助。这一切成绩的获得源于项目研修中心给予的机会和平台。

二、请进走出，收获颇丰

项目研修中心定期组织江苏省内各名校的老师进行学术交流，每年都请一些国内知名的教育专家和名教师，如著名教育专家林格教授，心理学博士、南京师范大学赵凯教授，著名教育专家吴家麒先生等，引领教师专业发展。作为青年教师的我增长了见识，获得机遇，在2011年全国著名初中校长"教育优质均衡与特色发展"高峰论坛活动中受邀对《体积与空间的生命——震撼青铜》一课进行展示教学。2011年度初中科研协作联盟会议在我校举行，活动中我受邀就《物品上的花廊》一课进行公开教学。如今仍记忆犹新的是，2012年江苏省初中科研协作联盟会议省特级教师俞玉萍老师给我们上了一堂别开生面的语文课，课上俞老师亲切的教态，教学环节设计上把学生放在教学主体位置，尊重学生，倾听学生，充分调动学生积极性，给了我很大的启发。我感悟到要允许课堂上有不确定因素的出现，在课堂设计时不能太注重完美性，作为老师要和谐自然地把握课堂，一切都要把学生放在教学的主体位置。

"不登高山，不知山之高；不临深溪，不知海之深。"在引进来的同时，学校在许昌良校长的带领下积极走出学校，几年来去苏州市文昌实验学校、苏州十中、扬州教院附中、江阴南菁高级中学等周边学校学习宝贵经验。2010年，许校长组织我们去南京行知小学学习参观。我们在杨瑞清校长陪同下参观学校的荷花园，他给我们介绍了一种现象并取了一个富有诗意的名字"花苞心态"，就是这样一次学校间的交流活动对我影响很大，"花苞心态"开千瓣，各有精彩，含苞待放，更有精彩，如今已成为我的教学理念。结合自己的实践经历，我深刻地感悟到在教育教学中应该用"花苞心态"去欣赏每一个学生，公平地对待每一个学生。因为他们是我们祖国的花朵，需要我们教育者耐心等待他们不同的花期。尤其作为一名美术教师，在美术教学中这种赏识教育尤为重要，赏识学生是美术教学活力的源泉。在美术课堂教学中，恰当地运用赏识，可以提高学生学习美术的兴趣，使课堂充满活力，进而有利于促进学生个性的形成和全面发展。可谓"花苞心态"助我专业成长。

三、课题研究，思考进步

项目研修中心的专家一直主张学校走以教育科研的优势带动学校整体工作提高的道路，借助课题研究不断积累实践经验，大大提高了教师的教科研水平，教育教学质量得到了很大程度的提高。从2011年冬开始到2013年夏，学校开始的校本研究主题是"学校主动发展实践中教师教学惯习转变的实践研究"，作为项目研修中心一员的我围绕我们组的子课题进行了一系列的探索研究，也取得了阶段性成果。我们美术组的子课题是"以点带面创新教学内容，提高美术课堂有效性"。所谓"以点带面"是指抓住一个知识点切入，不断挖掘知识点所涉及的内容，挖掘的内容要有深度和广度，这样引申出一个"面"。尤其是作为初中课堂要有别于小学，在学生学习的深度和广度上要加大力度，深入挖掘有关知识点的专业性、文化性的内容，以点带面，丰富课堂内容，提高课堂的有效性。

根据这一课题内容我在设计课堂教学环节中尝试改变，做到让课堂更有效，更有新意。2010年我在上《立线装饰》一课时，将整节课以纸立线制作为切入点，而后深入教学内容，通过简单图形的不同组合、摆放，让学生了解图形组合的规律，认识节奏、韵律、对称、重复等美术中形式美的运用。2011下半年，我在上《体积与空间的生命》一课时，尝试着将泥塑的基本技能——搓、挖、插等与中国古代工艺美术中具有悠久历史和高度成就的青铜鼎结合起来。2013年，我在上《多变的颜色》这节课上，找到的切入点是让学生学习色彩的基础知识，同类色的调和运用，为了能更好地深入内容，由朱自清的散文《绿》中对梅雨潭的绿的生动的文字描写，引发出我们艺术课堂上对"绿色"的寻找，找出的各种"绿色"则用色块进行表现，用文字引领，用图片强化，课程全程就是一个寻找"绿色调"同类色的完整过程，音乐、形式、朗读、讨论每一个环节都依据散文《绿》的情感基调来进行情境建立。根据这几年在课题组建设中的实践过程和体会，我还就课题撰写了对应的阶段性总结，此后形成论文在省级刊物上发表。

我们坚信：只要拥有机会，几乎每个人都会出彩。而这些机会都是校长许昌良先生独具慧眼，倾情尽力提供的。尽管我和其他同伴一样当初也有些不理解，甚至些许抱怨，然而许校长"拈花不语"，笃定坚毅。三年多来项目研修中心的研训，让我们学到了很多，发现了自己的"宝藏"。我们从心底里感谢学校、感谢许校长为师生搭建自我展示、自我探索、自我发展的平台，从而成就了我们的专业幸福人生！

"制造"成长中的"关键事件"

　　耿雁冰，学校的后勤主任。因为工作没少被我批评。可是，我依然很信任他，也敬佩他。他不是一般学校那些后勤主任模样，在专业发展上是"前勤主任"。他带领后勤人员阅读，那可是轰动全校的特大新闻。他为人老实、厚道、诚朴，不会"看眼色""见风使舵"，如老黄牛似的，寒暑假守候在学校。然而他的守候不是打牌、喝茶、吹牛什么的，而是为孩子们补化学课，掏钱为孩子们买便当，甚至会和孩子们"赌一把"，考试成绩一出他经常会输一二百块钱，但是他很高兴。就是这样的守候，他能够写博客，写教育散文。多年后他评上了高级教师，发表了许多核心期刊的文章，主持了江苏省"十三五"省级教育科学规划课题"核心素养观下的初中化学深度实验教学研究"。他说，他的"特级梦"为期不远，我也特别期待那一天早日到来。他真是一个"麦田里的守望者"。

　　【典案例证】

我成长中的几个关键事件
——从教师项目研修中心到"深度实验"
耿雁冰

　　我算是无锡市凤翔实验学校的"元老级"教师，从其前身算起，我一直在这所学校工作。风风雨雨十几年，我年龄不大，却早生华发。那是岁月沧桑的见证，也是我专业成长的路标。

一、"考入"教师项目研修中心

2008 年，凤翔实验学校刚刚成立，2008 年 11 月 8 日揭牌之后不到一周，学校里忽然通知所有教师要进行一场测试，试卷是发到办公室的。

我拿起试卷一看，都是没有标准答案的。几个案例分析，涵盖了学科教学、班级管理、学校管理等几个方面。本想应付一下了事，同伴提醒我，"你不是看过几本书嘛，好好写，把你的理解写上去"。然后，我就联想到才看过的苏霍姆林斯基的《给教师的 100 条建议》，结合自己教育教学的实际，分析了几个案例，认真答完试卷。

本以为这是一个没有结果的形式主义，没想到，两周以后，我们学校来了一位教育大咖，他是原江苏省教科所所长成尚荣先生，那可是江苏省乃至全国大名鼎鼎的教育老前辈。成老师被聘为凤翔实验学校教师项目研修中心班主任。若是没有许校长的影响，成老师可是请不到的。他认真批阅了我们的试卷，从中筛选出 36 份质量比较好的答卷，在全校大会上逐一点评。

那一刻，我震惊了。

成老师坐在那里，侃侃而谈，一眼都没有看试卷，如果说讲完一份试卷且能做到不看它一眼，我相信大多数老师经过认真备课，或许能大致做到。但是成老师 36 份试卷全部讲完，没有看一眼试卷，他旁征博引，信手拈来，在座者无不惊叹。

有幸，我成为这 1/36。"我希望有一天自己也能成为专家，我要努力"，我暗下决心。但是我还不知道到底怎么做，专业成长的路径还不是十分明显。

二、参与课题"学校主动发展实践中教师教学惯习转变的实践研究"

2009 年，学校申报了江苏省"十一五"重点规划课题"学校主动发展实践中教师教学惯习转变的实践研究"。许昌良校长把化学组全体教师召集在一起，召开了一次小型沙龙，讨论分析我们日常教学中存在哪些不良惯习并寻求转变的可能。

从许校长那里，我们第一次听说了"惯习"这个词，许校长说，"每个教师在教学'场域'中都会形成一套'自我经验系统'，其教学行为都源自这个系统，我称之为'教学惯习'。教师的教学惯习形成之后，使其对初始的教学经验形成依赖，下意识地以既有的'不变'来应对教学改革之'万变'，从而使教师无意识地抵制和抗阻与既有教学惯习不相融的教育观念和行为方式"。这次沙龙给我们带来了认识上的革命，原来我们的行为基于我们的经验系统，我们一般是很难改变这个"经验系统"的。而这个"经验系统"有时牢不可破，但又并不可靠。

我们分析了教学中存在的一些讲实验、画实验、重结论轻过程等问题，除了我们自身分析之外，我们还在全区对 1 200 名初三学生进行了一次问卷调查。通过这些真实数据的分析，我们认为有三个角度需要转变：

（1）教师要将实验的主动权交还给学生。绝大部分同学对化学学习有很高的热情，觉得通过化学课的学习知道了一些本来不知道的知识，很有收获，对化学实验充满着好奇与渴望，尤其是自己动手实验。古人云："纸上得来终觉浅，绝知此事要躬行。"现今的教育现场中学生常单纯处于接受者角色，但经验是活的、生成的，学生要真正成为自我，就不能是经验拥有者，必须是经验建构者。

实验探究课是学生自己的课堂，自己的舞台，就应该充分发挥学生的科学探究作用，让学生积极动脑，勤于思索，提出自己的实验方案以及实验过程中的注意事项，充分展示学生的才华。实验探究过程中，部分学生可能因实验技能和探究能力的缺乏，会出现这样或那样的问题，或遇到一些难以解决的困难，甚至会出现违反操作规程等不应该出现的错误。作为教师应该给予启发和引导，鼓励学生自己去找出存在的问题，纠正自己实验时所犯的错误，增强学生的自信心，让学生能顺利地、科学地完成所要探究的实验任务，逐步成长为一个经验的建构者。

（2）教师要善于挖掘实验教育的科学价值。课本实验体系作为范例出现，具有很强的导向性，但是限于客观原因，实际教学中无法一一展现其实验的前期过程，这对学生认知思维发展造成一定的障碍。教育解释学认为，导致学生死记硬背的原因是教师直接给出结果，没有重视取得结果的过程，因此我们必须让教育行动为学生的自然认知发展服务。

其实，越是经典的实验，其背后越蕴含着丰富的学科价值，探讨课本实验体系的产生发展过程，无疑是初学者向化学先辈学习的最佳途径之一，学习那些饱含智慧的化学知识和富有实践价值的化学精神，远非牢记实验现象、实验结论所能达到的。所以挖掘课本实验体系的价值，有助于学生科学素养的逐步养成和不断提高，也是提高学生素质的重要组成部分。

（3）教师要积极引导学生自主学习和探究。从调查问卷可以发现大多数化学老师已经充分利用学校现有的教学条件开展化学实验探究课，但从学生反馈的信息来看，老师在课堂探究性教学中的探究广度和深度都还不够，学生的自主学习和探究也基本没有。

然而初三化学教学的时间紧、任务重，按照课标要求，每周安排化学教学的时间是有限的，容不得老师有多余的时间来加深探究的广度和深度。那么成立化学实验探究小组，让学有余力的学生学会自己探索化学规律，学会自主学习和探究就很有必要。一些有难度的探究实验，可以让实验探究小组的学生在老师的指导下先探究，然后再由学生提出问题，进行猜测与假设，制订计划和设计实验方案，进行实验与搜集数据，分析、论证和评估结果，交流实验探究的体会等。让学生接触到科学探究的完整过程，引导他们走进自我探究和发现的科学之旅。

三、"深度实验"的教学主张提出

在进行教师教学惯习转变的研究过程中，我们在实现了部分教学设想的同时，一些新的问题和思考又随之而来。

思考一：学生对化学的兴趣是真是伪？

化学属于自然科学，通过几节课引起学生的兴趣还是比较简单的，特别是刚接触化学时，只要几个简单的小实验就能让学生感到兴趣盎然，但是为什么学生的兴趣不能长久地保持下去？兴趣的消失是因为实验教学内容设计的不合理而导致他们丧失信心，还是因为过多的肤浅体验最终导致了兴趣的丧失？

思考二：教师对实验本身的内涵与功能理解是否到位？

尽管教材是对课程标准的一次再创造、再组织，教材编写也必须依据课程标准，但是教师是否领会了教材的编排意图，对于教材中所选的实验内容尤其是那些经典实验，教师是否已掌握其来龙去脉，我们在避免"教教材"的同时，是否注意到了又出现一种"去教材化"倾向，是不是因为认为教材是可有可无的教学资源，就索性不研究教材，把过去的"以本为本"改为完全脱离教材的天马行空，从一个极端走向另一个极端，我们是否已认识到中学化学实验最主要的功能就是"让学生通过实验学习化学"？

思考三：教学过程中除了考点，还应该让学生关注什么？

在实验教学中，我们除了关注考点是否注重了科学思想、科学方法的教育，在一些重要的实验中我们能不能让学生关注科学家当年研究的历程，学生能否体验前人的经历、思想，学会科学的思维方法，在主动探求中掌握知识的重点？

在这些思考的背后，隐藏着同样的问题：我们如何理解实验教学的功能，如何通过合理的设计、恰当的体验让学生通过实验来学习化学，是否可以更纯粹地去探究化学，仅仅是为了获得思考的快乐、思维的提升？

深入思考之后，我提出了"深度实验"的教学主张，认为深度实验教学是基于深刻理解实验原理、思想、方法的基础上所实施的指向能力及素养学习的实验教学方式。支撑它的不仅是对知识的教学，而且是对知识背后的方法、思维方式、价值文化等的教学。中学化学实验最主要的功能就是"让学生通过实验学习化学"。实验教学是实现化学教学课程目标的基本方法，学生通过实验进行体验，从而掌握化学知识，获得科学研究的方法，感悟其背后蕴藏的科学思想，培养学生的思维能力，发展其思维，让思维成为学生人格发育不可或缺的部分，从而促进人的完善。随即我成功申报了江苏省"十三五"教育科学规划课题"核心素养观下的初中化学深度实验教学研究"。

在课题研究进行过程中，我曾在实验教学技能大赛中获得江苏省二等奖，撰写的《化学教学中渗透科学方法的几条途径》发表于核心期刊《化学教学》，所开发出的实验仪器正在申报专利之中。而这一切的源头，均来自教师项目研修中心。这个教师项目研修中心是年轻的凤翔实验学校成长的路标，是许校长心血的结晶，是许校长值得荣耀的"孩子"。

牵课堂"一发"而动学校"全身"

　　钟演老师，一个和我同龄的人，家庭负担轻，每年都会利用寒暑假前往一个国家旅行，一个生活颇具小资情调的优雅女性，也是个有些"任性"的女人。在她来凤翔实验学校做业务校长前我并不认识她。小资的生活情调，自然对教学改革以及个人的专业发展也有些"无所谓"。"学校不能平庸，平庸就是校长缺失了教育的基本良心！"我一次一次地用这样的观点影响她。慢慢地，她被触动——校长真的想做点事情。于是，我们一起开展了一系列活动，从"项目研修中心"到"苏霍姆林斯基教育思想研究学习会"再到"本色课堂"，推动了学校的课堂变革。这些似乎还是不够的，"打铁还需自身硬！"我又不断"击打"她——"你应该冲刺特级教师，我帮你"。她看似不以为然："我都这把年龄了，没有什么好追求的了！"可是我发现，她会暗暗下功夫。慢慢地，她的专业水平与日渐增，开始逐步萌发和形成自己的教学与管理理念，发表的文章越来越多，期刊级别也越来越高。2017 年离开无锡前，我还最后一次推动她上了《江苏教育》的"呼唤名家"栏目。2018 年，她获批江苏省语文特级教师。钟演的成长是有典型意义的，当下有那么一大批业务能力不错，但是甘于平平淡淡生活而等待退休的人，只要有人促一下、帮一把，都可以成为名师。而这里的"促一下，帮一把"就是校长的期待与良好的校本教研与培训。

【典案例证】

抓课堂改革　促进教师成长

钟演

2009年暑假后，我到凤翔实验学校做业务校长。当时，我校和别的学校一样，最大的课堂问题就是"满堂灌"。抓考试，背考点，死做题。没有什么不对，也没有什么不好。我分管业务，按部就班地工作，做自己该做的事情，认为自己问心无愧即好。没想到，许昌良校长喜欢"折腾"，他常常语出惊人，掷地有声。一次次地，我们就被他"俘虏"了，思想统一了。学校为了激发学生的学习兴趣，帮助学生养成良好的学习习惯，提高学生学习能力，从2010年开始，践行许校长提出的以关注学生学习行为为核心的"本色课堂"建设。"本色课堂"是实实在在的课堂，它的核心思想是"主体教育"的思想，即从学生的需要出发，要让学生有所收获，变"教的课堂"为"学的课堂"，改变当前华而不实的课堂现状，走向自然质朴的课堂。具体表现为增加学生思维、动手与自学的机会与时间，减少教师一味讲解灌输的时间。

以复习课《如何提取图标信息》为例，我们一开始的教学思路是：先教给学生解题策略，接着让学生按教师所教的方法做练习，让学生在做练习的过程中体会实践方法。这种复习模式会起到一定的效果，但课后让学生们再练习相关类型的题目时，发现错误率依然很高。这便引起了我们的反思，细细想来这节课是从"教的角度"出发，重点教会学生提取图表信息的方法，强调的是教，让学生根据所教的方法做练习，整节课学生都围着老师在转。随后，我们修改教学思路：从学生的错题入手，找出学生中出现的典型错误，先让学生自己找出错误原因，并进行订正，教师从中点拨，在这基础上归纳方法。比如，复习语文图表分析题时，教师从课前学生的作业中找出了几种典型错误：题干信息提炼错误的、只注意横向比较的、信息概括不全面的、语言表达不准确的，把出现这些错误的试卷用实物投影打出来，学生一看便知都是他们曾经出现过的错误，积极性瞬间被调动起来，争先恐后地发言。修改后的教学思路设计是从学的角度出发，从学生的错误习题出发，找出错误所在，分析并改正，在此基础上，学生自动生成了提取图表信息的方法，整个教学过程是老师围绕学生转，老师不停地协助学生寻找错误的原因，这样课堂就还给了学生。从学生答案的不完整、不完美，一步步趋向正确和完美，比老师单纯地一味灌输、学生被动听讲的方法更实用，也能很好地提高学生的审题能力和答题水平。课堂"活"起来了，学生"动"起来了，教师也"闲"下来了。但我想说，教师的"闲"，是实现本色课堂高效的智慧保障。

引导学生展开思维的最好办法是教师与学生一起思考，鼓励学生自己思考，而不是代替学生思考，或者比学生更聪明地思考。当学生学会用适合自己的思维方式去认识世界时，激发他们的多元思维，不强求一致性，既可以在辩论中达成共识，又能让学生从多方面多角度思考问题，发表自己与众不同的观点，最终达到互相启发、互相学习的目的。

以作文评讲课中细节描写的训练为例，通常，学生的作文批阅仅限于教师的批改打分。往往教师花了不少工夫批改好全班的作文，而到了学生手中，他们可能只花一两分钟看一下自己的分数、评语，改几个错别字就结束了。"互助合作"是"本色课堂"的特征之一，在"本色课堂"理念下，我们在教师批改后还设有小组交流、全班赏析的环节。不少学生反映，小组交流可以更多地看到他人的作文，有利于取长补短、相互学习。这一节作文课，首先跳过了教师批改的环节，让学生直接在小组内交流习作。课堂上学生互助合作的第一个任务是找出同学作文中的细节描写并在组内交流，最后择优向全班推荐。学生小组活动，教师一定要布置明确的任务，这样才不会让一些学生无所事事。学生的第二次互助合作安排在学生细节描写的片段展示结束和教师点评指导之后。此次合作的任务是结合观看拔河比赛的录像，修改或完成一个片段，要求尽可能多地进行细节描写。课堂上时间有限，集体合作能集中众人的智慧，让学生在较短时间内有一个相对完整的作品呈现出来。教师通常在作文讲评后，让学生随机形成两人或四人小组探讨合作，学生通过进一步学习和了解细节描写的方法，提高作文细节描写的技能。

在"本色课堂"理念的引领下，我们不断尝试与改进，我们一直秉承大教育家夸美纽斯的教育理念，"找出一种教育方法，使教师因此可以少教，但是学生可以多学"。这就是许昌良校长倡导的"本色课堂"的根本意图——以学生为本，努力把学生置于学习主体地位，积极创造良好的课堂生态环境。"本色课堂"的理念不是校长说说、学校提倡就可以了的，而是要通过苦心经营。许昌良校长这些年来，为了"本色课堂"的建设可谓殚精竭虑，采取了领导集体取得共识—作为学校工程推动—校本培训逐步撬动—定点实施，获取经验—确立主题，纵深推进—总结经验，逐步深入的一系列举措。这就是我在这篇文章中想表达的基本观点。

　　尽管一路走来，我们有过烦恼，有过困惑，有过抱怨，甚至有过退却，但正是在这百转千回中，踏上了苏霍姆林斯基所说的"从事研究的幸福的道路"。通过几年多的努力，我们欣喜地看到，凤翔实验学校的课堂上教师讲得少了，目标更加具体了，教学思路更加清晰了，教学效率明显提高了，这些都促进了教师的专业发展水平和能力的提高。学生自主学习、自由讨论、自我发展的愿望也更强了，课堂呈现出真实的教学问题、自然的教学过程、和谐的教学氛围。我们没有愧对校名中"实验"二字。这一切，都得益于许昌良校长以一颗爱智爱人之心，铺就了我们成长的道路。我们把谢意藏在心里，化作继续成长的力量源泉吧！

内驱力是教师成长第一要素

　　和姜丽玲老师相处九年，看着她成长——从年级组长到人事秘书，再到教导主任，以及如今的区历史教研员，我感触颇深。她做事不争辩，不讨价还价，能竭尽全力干好，让人放心。有成绩，她不显摆；有过失，她就像犯了错误的小学生，主动检讨，站在你面前笑眯眯地等待你批评。她功利心不强，但事业心很强。让我特别欣赏也特别感动的是，她工作没做好时，你怎么批评她都"不记仇"，一笑泯委屈。我也很敬佩她的任劳任怨，作为办公室主任，暑假总是在加班，她还把儿子这个"小尾巴"带上，天气炎热却一待就是一上午或者一天。姜老师最让我佩服的还是专业发展上的孜孜以求的精神，虽然她整天忙得让人感觉不到她还有专业发展的时间，但是她的历史本色让课堂研究一直没有放松，而且进行得有条不紊。姜老师历史本色课堂的"导学案"教学探索在所有学科中坚持得最好，她做事的定力令我感动。她一路成长与收获着，专业头衔也不断攀升：新秀—能手—带头人。去年，她被选调到区里做历史教研员，这是上级对她专业与人品的最大肯定。

　　【典案例证】

一径长途　花香弥漫

姜丽玲

　　一眨眼，我从教已有20年了，虽然20年来在教学上不断地追求着自我完善，但今天的我在教学上还远远谈不上取得了什么成绩，只是比刚刚踏上工作岗位时的自己更清楚地认识到，自己在教学过程中的优长和不足，也对一路走来的点点滴滴有了感悟。而这些感悟，也是这些年在和许昌良校长共事的过程中，耳濡目染与亲身实践的结果。许校长对教师培训与成长的重视程度，是一般校长无法与之相比的。他的教育思想始终引导着我们，他的人格魅力也始终鞭策着我们。从他的身上以及自己多年的成长经历中我悟出以下几点。

一、教师成长的第一要素是内驱力

俗话说："不想做将军的士兵不是好士兵。"做教师也是同理。然而教师在琐碎繁杂、日复一日的具体事务中，常常迷失方向，也缺乏精力。只能满足于将琐碎的工作做完，而忘了初心，忘了怎样才能做得更好。直到许昌良校长来到凤翔，他和教育领域的专家们一次又一次地给我们介绍"本色课堂""教师惯习""以学生为主"以及"自主学习合作学习"……一次次的讲座、讨论、头脑风暴、现场学习，仿佛是劈在固守不变的自我外壳上的一道道闪电，经年不变的我开始内省、开始思考、开始回归教学原点。我带着历史组的同事们开始研究"本色教学"、开始研制学习指导书、开始把课堂还给学生。当时有熟悉我教学风格的老领导来听课，课后便产生了疑问："你的课怎么这样上了？"我的课由教师激情四溢的讲解变成了学生埋头研读的自学，由师生一问一答、连续不断的热闹变成学生认真研读、互帮互助的平静，课堂似乎缺少了激情和亮点，老领导一时接受不了。但我自己清楚地认识到，当我踏入教室开始授课的时候，就确定这一堂课是一节比昨天那堂课更能启发学生思维、培养学生能力。这需要我无时无刻地备学生、备教材，无时无刻地琢磨如何把课上得更好（对于初中生来说，我认为就很简单，好课的标准就是更生动、更吸引学生思考）。本着这样一种内驱力，我的课堂由面面俱到、严谨细致、激情四溢慢慢地变成今天的幽默轻松、张弛有度、启发思维。或者换种说法，我的课堂由原来以学生认真"听"为主（常常坚持不了多久）慢慢地变成以学生"讲"和"做"为主。这种转变也许谈不上好或不好，但学生通过体验（讲、做）获得的能力肯定比只坐在那里听要丰富又精彩得多。我课堂的变化背后是自己教育哲学的变化，是自我追求要变，这种内驱力来自专家的引领。

二、教师成长的第二要素是适合自己的才是好的

在我的成长过程中，获得了很多老师的帮助与指导。上到市区教研员、各位专家学者，下到组内的同事、其他学科的老师。没有他们的帮助指点，我不可能在那么多的赛事中取得成绩。可以说每进行一次公开课，就是获得一次成长的机会，因为大家都会不遗余力地帮助我磨课，磨着磨着，自己也就知道一点门道了。但在这过程中，还要思考什么是适合自己的。还记得刚工作那年，市教研员让我面向无锡市开设公开课，因为我没有经验，所以教研员帮忙请来无锡市几位有名的老教师给我的课堂把关。试讲后，几位老教师很恳切地给我提了不少建议和意见。如果是今天的我，会认真思考后将前辈的建议和意见有机地融入我的课堂，进行有效修改。而当时的我，则在茫茫然中不管三七二十一，将各位前辈的建议和意见囫囵吞枣，全部纳入了我的课堂，一节课下来，七零八落，磕磕绊绊，似乎什么都讲了，又似乎什么都没有讲。我想教师在成长过程中，一方面要博采众家之长，另一方面则是找准自己的教学特点，并发扬光大，形成自己的风格和特色。

三、教师成长的第三要素是一定要反思和总结并形成文字

许昌良校长在推进校本研修时，总是"强逼"着我们写反思、写案例、写论文。开始的时候大家总是能拖就拖、能赖就赖，毕竟日常工作都那么忙了，再抽时间写那些完全写不出的论文不是强人所难嘛。再说，我们看那些名教师时，总觉得他们取得的成就是那么高不可攀、遥不可及。可那么多年过来，我们身边有些老师渐渐也发表论文了，也对教育有了自己独到的看法，也成长为名教师、特级教师了。他们比我多的往往不过是勤思考、多总结、善动笔。当然，说得简单，我虽然已经知晓这个"秘密"，但真要动起笔来也并不容易。尤其是工作转到管理岗位后，始终任教初三历史，能由课堂教学出发积累的写作素材真是少之又少，论文写作就更是困难了。但我觉得，绝大多数老师包括我自己在内，不能写的最大障碍还是自身惰性。如果我们每一位老师能克服自

己的惰性，把自己课堂教学中所思、所感、所悟……都一一写下来，这不仅促使自己不断提高，而且和其他老师共享课堂教学中的喜怒哀乐、经验教训，那就真的能做到教育的"各美其美，美人之美，美美与共，天下大同"了。

　　对我来说，教师成长之路依然"路漫漫其修远兮，吾将上下而求索"，但我相信，今天的我，有多年在凤翔实验学校时许校长的影响与淬炼，已经具备了强烈的专业发展意识、明确的专业发展方向、坚定的专业发展行动，我定能在专业发展之路上穿花拂叶，踏着荆棘，不觉痛苦，随时撒种，静待开花，将这一径长途点缀得花香弥漫。

好教育就是与好人相遇

　　吴洪明是一个聪明的年轻人，我很喜欢他。共事的这么多年，他帮助我做过许多事情，做事风风火火、雷厉风行。我最喜欢他的有两点，一是敢于"直谏"，说话毫不"留情"，但是说的都是实话；二是凡交办之事，随时就办，哪怕到半夜三更也一定办好，绝不拖延。许多人说他"毛手毛脚"，不可靠，我却不这样认为。我觉得他是综合实践教学与研究的"专家"，有独到的思想，有良好的表达能力，有很强的行动力。他的三科整合课题获得江苏省教育科学重点资助课题，做得风生水起。当我得知他没有高层次文章时，花了好几天时间阅读他的上万字材料，和他一起撰写文章，发表在核心期刊上。我一直鼓励他不要放弃，要相信自己若干年后，一定可以在全省综合实践领域成为特级教师。他曾经答应过我的，我不知道今天的他，还是不是这样想的和这样做的。但是我期待他不忘初心，不负芳华。因为我的期待过于强烈，我就在这里收录了他的两篇文章，表达我的真挚情感。

【典案例证】

不忘初心　砥砺前行
吴洪明

　　2010 年起，凤翔实验学校在许校长的带领下，用名校长的前瞻眼光和人格魅力，为学校的老师创造了一个卓越的专业发展平台——教师项目研修中心。通过动员和考核的方式，我幸运地加入了学校教师项目研修中心进行"深造"。回首在学校教师项目研修中心的这四年，行走在追求专业发展的道路可谓一路风风雨雨，不乏磕磕绊绊；一路山重水复，却又柳暗花明。

一直往前走，我开始逐步认识到，好的教育就是看你与什么人相遇。幸运的是，我与许昌良校长这样学者型校长相遇。首先，许校长设立的教师项目研修中心为老师们提供了更多的外出学习机会。让我印象最深刻的是2010年5月赴南京行知实验小学参观学习的活动。行知实验小学实践陶行知先生的生活教育理念，主张"生活即教育、社会即学校、教学做合一"的教育思想，构建充满活力的"小学校大教育"办学格局，形成了中外瞩目的"学会赏识，爱满天下"办学特色。

其次，许校长总是利用他的资源为我们教师项目研修中心的老师提供更多的专题学习机会。例如，2012年暑假，我们教师项目研修中心的老师赴马山开展专题学习，聆听了洋思中学刘金玉副校长"如何创造优质高效的课堂教学"的报告。刘校长从什么是高效课堂谈起，围绕着如何"在课堂上每一位学生都能绽放生命的色彩"以及什么叫"先学后教，当堂训练"，教师在课堂应扮演什么角色等问题展开论述，三个小时的报告生动地介绍了他们的思考和实践。

通过教师项目研修中心为老师们组织的各种学习、讲座、培训活动，我们的心灵不断地受到洗礼和冲击，不时获得感悟，不断将收获内化为知识技能并应用到平时的实践教学中去。对学生的教育，对学科的教学，对专业的发展，均提到了一个新的水平。

回望自己走过的专业发展道路，发现自己做了如下一些探索。

一、教书育人，甘为人梯

做好教书育人工作，为人表率是关键。我积极带队参加学科类竞赛。2010年，组织学生参加江苏省第十七届青少年科技模型电子百拼竞赛，获单项团体特等奖；参加江苏省第十届青少年电子技师认定活动比赛，获初中团体一等奖，学校获得"先进单位"奖。2011年，组织学生参加江苏省第十八届青少年科技模型电子百拼竞赛。2012年，组织学生参加全国科技活动周"科技与生活同行"科普大赛，5名同学获得一等奖，14名同学获得二等奖，8名同学获得三等奖，学校获得优秀组织奖；

组织学生参加无锡市计算机表演赛，10 名同学获奖；组织学生参加江苏省第十二届青少年电子技师认定活动。2013 年，组织学生参加第 22 届中国儿童青少年威盛中国芯计算机表演赛，9 名学生获奖；辅导学生参加无锡市"凤翔杯"青少年机器人竞赛暨物联网传感创意设计大赛，1 名学生获得一等奖。

二、教学示范，陶冶思想

实践运用学校校本培训的知识，带头上好教学公开课，同行评价比较高。2011 年，我作为江苏省"送教专家团"专家赴射阳县开设公开课《我们的学校》，在全国著名初中校长优质均衡与特色发展高峰论坛活动中，开设公开课《传统游戏的研究》。2012 年 4 月，在全校范围开设了一次公开课《选题指导课》；4 月 24 日上午第二节在七（12）班，对前来交流的新疆校长、甘肃酒泉校长开设课程《摄影的构图技巧和图片处理》；6 月首开江苏省初中综合实践活动课程《名师课堂》，课题为"我们的学校"。2013 年 6 月，作为授课专家应邀参加省教育厅 2013 年"名师送培"徐州市初中综合实践培训班培训活动，开设示范课；12 月组织区级听课观摩研讨会，开设公开课《研究方案的制定》，皆获得好评。

三、业务讲座，淬炼思想

认真做好本学科的业务讲座，听讲教师反映较好。2010 年 12 月，赴徐州做了题为"综合实践活动学校管理与活动指导"的讲座，2011 年 9 月，赴扬中开设讲座，题为"综合实践活动的深化"。2012 年，能认真做好本学科的业务讲座、网络培训授课、专家在线答疑工作，听讲学生和教师反映较好。2013 年 11 月，应南京师范大学教育科学学院的邀请，为国培新疆班开展"综合实践活动班级层面上的整体设计"这一课题的讲座。

四、教育科研，走向深入

积极开展教育教学科研工作，参与省、市、校级教育教学课题研究，担任课题研究的重要任务。2010年10月，国家级专项课题"综合实践活动课程的有效实施与常态推进"顺利结题并获优秀成果二等奖，本人被评为全国课题研究项目"2010年度课题研究先进个人"。2011年，参与省教科所"十二五"规划专项课题"物联网启蒙教育"的研究。2012年，继续参与省教科所"十二五"规划专项课题"物联网启蒙教育"的研究。参与研究学校的省级立项重点课题的子课题"综合实践活动'科目'融合的研究"，本人担任课题组长。2013年，领题开展研究省规划重点资助课题"综合实践活动课程'学科整合'的实践研究"，本人为领题人。

五、撰写论文，升华思想

积极撰写教育教学论文、方案和案例，积极参与省市相关课程的教材编写工作。2010年，《盲道调查》（案例）在江苏省教研室组织的江苏省中小学综合实践活动论文评选中获得一等奖；论文《发掘传统游戏的科学价值》获得省"师陶杯"论文竞赛二等奖。2011年，论文《走向常态和有效》发表于《江苏教育研究》第18期。2012年，《拒绝不健康食品的诱惑》（方案）在江苏省教研室等部门组织的江苏省科学教育研究课题活动方案评比中获得二等奖；《理解课程特质，提升课程品质》在无锡市教研中心组织的"2012年无锡市中学综合实践活动教育、教学论文评比"活动中获得一等奖。2013年，参加无锡市教育科学研究院组织的"2013年无锡市中学综合实践活动教育、教学论文评比"活动，撰写的论文《校园是课程资源的"聚宝盆"》获得一等奖。

六、指导他人，发展自己

积极参加学校"青蓝工程"建设，指导青年教师开展综合实践活动课程教育教学活动，成绩突出。2010年，指导吴桢老师撰写论文《浅谈以陶行知理论打造新课程标准下的劳技教育》，此文获得省"师陶杯"论文竞赛三等奖，指导的多名学生在各级各类比赛中获奖。2012年，指导青年教师沈妹红开展研究性学习课程活动，成绩突出。沈妹红老师撰写的论文《"三足鼎立"终统一》发表在由江苏省教育厅主管的期刊《教学前沿》上。沈妹红老师指导的多名学生在各级各类比赛中获奖。2013年，指导"青蓝工程"沈妹红老师参加无锡市综合实践活动基本功竞赛，沈老师荣获二等奖，她指导的多名学生在各级各类比赛中获奖。

以上零散地罗列的这些成绩都是近十年来在学校校本培训的平台帮助下获得的。

在学校教师项目研修中心这个舞台上，获得熏陶和培养的这四年光景一晃而过，各种情境依然历历在目，令人记忆犹新。四年前，每位骨干教师都详细制订了"三年主动发展规划框架"，当时我为自己确立了更高一级的发展目标："充分利用三年时光，努力使自己成长为无锡市教学能手或北塘区学科带头人。"如今，这个专业发展目标已经实现，我的教育教学的业务能力获得了很大的提高，对外交流水平也获得了很大的发展。感谢无锡市凤翔实验学校教师项目研修中心带给我的机遇和发展，感谢许校长倾力提携年轻人的远见与魄力。遇到许校长是我的幸运，也是学校的幸运。一个人好的教育生涯，也许就是能够与好人相遇。好教育也许也就是与好人相遇。

校本研修促我专业成长
吴洪明

一、发展规划引领专业成长的方向

古人云："凡事预则立，不预则废。"任何一个行业的个体，如果期望获得良好的专业成长，一般都需要在专业成长期间，制订符合各自实际与特点的发展规划。

我自2001年参加工作以来，就立志要成为一名学科骨干教师，并向着这个目标努力。在2007年，我顺利地被评为一级教师和无锡市教学新秀，接受了省、市两级的骨干教师培训，实现了专业发展的第一步。

2008 年并入凤翔实验学校以后，是我专业发展的一个高峰时期。许校长为学校的老师创造了一个优越的专业发展平台——教师项目研修中心，每位骨干教师都详细制订了"三年主动发展规划框架"。我为自己确立了更高一级的发展目标——"充分利用三年时光，努力使自己成长为无锡市教学能手或北塘区学科带头人"。2010 年，我顺利评上了无锡市北塘区学科带头人。在许校长为全校老师创设的教师研修平台上，我顺利实现了自己的专业发展目标。

所以说，没有学校领导的关心和鼓励，没有各位老师的支持和帮助，我的专业发展道路，不可能走得如此顺利。

二、教育科研铺垫专业成长的基石

"闻道有先后，术业有专攻。"教师的教育科研和专业发展往往是相辅相成、相互制约的。教育科研能够提高专业发展的水平，专业发展能够促进教育科研的能力，这是一个可持续发展的良性循环生态系统。我平时能够朝着"把教育教学、教育科研和日常生活适当结合起来"的方向努力，积极培养和发展专业兴趣，享受教育生活。例如，美术老师丁翎闲暇之余主动创作，体育老师厉业成课余时间坚持打篮球，不但巩固了他们的专业技能水平，也是专业主动发展、享受教育生活的表现。

我所带的研究性学习课程，是指导学生分小组开展课题研究的活动课程，课题内容除了来源于参考教材，还可以来源于生活实践。这就要求任课老师转变观念，成为学生课题研究的指导者、组织者、促进者、开发者、参与者。教师应积极创设学生乐于接受的情境来开展教学活动，提高学生的实践能力和创新能力。同样，教师指导学生课题研究的过程，既是教师帮助学生解决问题的过程，也是教师知识技能提高的过程，能够较好地促进教师的专业发展。

为了较好地积累生活中的素材，我经常在包里随身带着一个小本子和笔，把一些好的想法和现象及时记录下来。我以前没有剪报的习惯，但是最近几年不知不觉地养成了剪报的习惯，所剪的材料无一例外地与教学活动内容有关。上一个学期，3 号楼的学生中间兴起了一种自发的游戏，就是自制一个纸质的球体，男生在走廊的空间对其踢来踢去，经常阻碍师生通行，大家对此意见较大。本学期我在带学生做《传统游戏的研究》课题活动时，希望从学生身边寻找一个较好的导入情境，随即想到了上学期学生的那个自发游戏。结果等了好多天，却不见他们再玩那个游戏，于是我非常懊悔当时没有及时拍下这个资源。有一天晚上做梦，梦见学生又在玩这个游戏，而我又忘了带相机……醒来以后，我就想：曾经有一个非常好的资源放在我的面前，我没有去珍惜，等到失去的时候，我才后悔莫及；如果以后再遇到类似的情景，我一定要及时带着相机拍下来。

2010 年，学校的全国课题"综合实践活动课程的有效实施与常态推进"顺利结题，获得"全国综合实践活动课题研究先进实验学校"的称号，全省仅有 3 所初中获此殊荣。我作为操作组长参与了研究工作，这对我来说，既是学科研究的实践创新，又是课程教育的梳理总结。

所以说，没有素质教育的教育理念和浸润其中的教育研究，专业发展道路是不可能越走越宽的。

三、对外交流拓展专业成长的空间

"问渠那得清如许，为有源头活水来。"在学校领导和省、市、区教研室的关心和支持下，我先后多次参与学科竞赛、编写教材、交流培训等活动。

我参加了江苏省"教师电子应用技术比赛"、无锡市初中"综合实践活动青年教师基本功竞赛"、无锡市"第五届教师教学技能大赛"、无锡市"劳动与技术教育基本功竞赛"，均获得一等奖。对外交流活动让我掌握了课程改革的最新动态和学科的前沿信息，提高了自己的专业技能，充实了知识储备，为我专业的成长拓展了很大的空间。现为中国青少年科技辅导员协会会员、江苏省青少年科技教育协会会员、江苏省中小学综合实践活动学科中心组成员、江苏省中小学综合实践活动学科中心组初中组副组长、无锡市劳动技术专业委员会会员、无锡市北塘区学科带头人、无锡市研究性学习学科中心教研组成员、北塘区研究性学习学科兼职教研员。

工作之余，我还辅导学生参加竞赛，并获得国家、省、市级奖项82个，获得江苏省青少年科技活动优秀科技辅导员、无锡市优秀青少年科技教育工作者等多项荣誉。参与编写省级教材《工艺制作》《高中综合实践活动》《初中综合实践活动》《初中研究性学习》《高中研究性学习》，担任《初中综合实践活动》丛书初一分册的分册主编。先后应邀赴江苏省骨干教师培训班、江南大学、徐州市中学综合实践活动研讨会做了相关讲座。

记得《钢铁是怎样炼成的》中保尔·柯察金有一句名言："人最宝贵的是生命，生命对于每个人只有一次！人的一生应当这样度过：当他回首往事的时候，他不会因虚度年华而悔恨，也不会因碌碌无为而羞愧……"我觉得，在我的教育生涯中，有幸遇到了许昌良校长这样的好校长，有幸登上了许校长为我们搭设的如"教师项目研修中心"等各种各样的专业发展平台，从而顺利地达成了自己的专业发展目标。

参考文献

［1］刘良华：《校本教学研究》，四川教育出版社 2003 年版。

［2］吴刚平：《校本课程开发》，四川教育出版社 2002 年版。

［3］胡惠闵：《校本管理》，四川教育出版社 2005 年版。

［4］瓦·阿·苏霍姆林斯基著，杜殿坤编译：《给教师的建议》（修订本），教育科学出版社 1984 年版。

［5］苏霍姆林斯基著，赵玮等译：《和青年校长的谈话》，教育科学出版社 2009 年版。

［6］冉乃彦：《中小学教师如何用哲学》，教育科学出版社 2011 年版。

［7］刘国华：《从新手走向专家——阶梯式校本培训的行动案例》，华东师范大学出版社 2015 年版。

［8］李希贵：《为了自由呼吸的教育》，教育科学出版社 2017 年版。

［9］上海市教育委员会教学研究室：《基于问题解决：提升课程领导力的行动》，华东师范大学出版社 2014 年版。

［10］吴志宏：《教育管理学》，人民教育出版社 2006 年版。

［11］余文森、洪明：《校本研究的九大要点》，福建教育出版社 2007 年版。

［12］都希格著，吴奕俊等译：《习惯的力量》，中信出版社 2013 年版。

［13］杰克森著，吴春雷、马林梅译：《什么是教育》，安徽人民出版社 2015 年版。

［14］彦涛：《不可不学的管理学 32 定律》，立信会计出版社 2015 年版。

［15］小野：《极简力》，现代出版社 2016 年版。

［16］田宝宏：《中教育：一位中学校长的感悟》，商务印书馆 2017 年版。

［17］布拉德利著，吕立杰等译：《课程领导：超越统一的课程标准》，中国轻工业出版社 2007 年版。

［18］郑金洲：《校本研究指导》，教育科学出版社 2002 年版。

［19］佐藤学著，李季湄译：《静悄悄的革命：课堂改变，学校就会改变》，教育科学出版社 2014 年版。

［20］陶行知：《中国教育的觉醒：陶行知文集》，群言出版社 2013 年版。

［21］陈向明：《教师如何作质的研究》，教育科学出版社 2001 年版。

［22］李希贵：《重新定义学校》，中国人民大学出版社 2017 年版。

［23］富里迪著，戴从容译：《知识分子都到哪里去了》，江苏人民出版社 2012 年版。

［24］马可·奥勒留著，何怀宏译：《沉思录》，中央编译出版社 2008 年版。

［25］克里夫·贝克著，戚万学等译：《优化学校教育：一种价值的观点》，华东师范大学出版社 2003 年版。

［26］胡乐乐：《美国人心中的好教师》，中国人民大学出版社 2015 年版。

［27］许昌良：《发展规划：憧憬学校美好未来》，世界图书出版公司 2013 年版。

［28］许昌良：《把整个的心灵献给教育》，南京大学出版社 2016 年版。

［29］许昌良：《新平民教育论纲》，江苏凤凰教育出版社 2017 年版。

后　记

这本书的问世，纯属偶然。

2018 年春天，是我几十年来人生最为低迷、痛苦的一个春天，生活艰难、一地鸡毛。那是我人生的一个"渡口"，岁月刻下了一个重重的"刀痕"。我不知道自己是如何挺过来的，除了把本职工作做好，其他许多事情都提不起精神，我甚至一度怀疑自己的智力。受广州市《学校品牌管理》杂志社总编王永江先生的邀请，我为一个培训班做了一场关于教师校本培训的讲座，随即引起了强烈的反响。王永江先生希望我能够写一本关于校本培训的书，策应他们培训部近年来主张的"校本培训"。因为是很好的朋友，我不能推辞，就应允了此事。后来想想，把自己做过的教学实践梳理出来，给大家借鉴一下，有益无害，于是就有了呈现在大家面前的这本书。

回想这么多年走过的学校管理之路，的确为了教师专业进步做了一些十分有益的创造。有些事情可以忘记，有些事情可以纪念，还有些事情还可以研究琢磨。在我看来，学校的确不应该是教师的"吃饭所"，而应该是教师的"再生地"。教师除了需要具备相应的专业素养之外，还是需要一些境界的。从职业的视角看，要具有生存境界、良心境界和专家境界；从生活的视角看，要具有超越境界、心灵境界和审美境界。这一切，既需要各级政府教育行政部门、学校给予教师发展的必要平台和专业支持，更需要教师本人源自心灵的认同和自身的完善，拥有"我是谁""我欲何为"的追问。但凡认真做校长的人，都会有这样的体会：从根本上说，学校的问题是教师的问题。无论遇到多少困难，当你看到教师认真而又有效地工作时，就会有一种柳暗花明的心境，看到学生被教师源自心灵的生命启迪所照亮时，便会觉得自己从事的工作是天下最美的工作。

我之所以认为教师在学校里发展很重要，还在于教师发展对孩子发展的时间价值。一个孩子在学校的时间是有限且不可延时的，所开课程的知识不能可有可无。没有教师的提升与改变，学校的一切都不会改变。人在自我设限的"圈子里"很难一跃而起。人总是想"跃出来"，那意味着他（她）想"寻找"时间。如果人的未来已经被过去"锁定"，在人生"必然"的道路上没有了变化，没有"不中断"，这种没有变化和偶然事件发生的"道路"上，自然也就没有了"自由"和"创造"。将"时间"和"习惯"作为反抗的出发点，将寻找"时间"作为反抗的主题，人类才会有所谓的"自由"。唯有时间，我们才会有所谓的发展、生活、生长、成长、变化、创造。只有拥有时间，人才会真正成为自己。

面对今天的教师队伍，我们不要过分地自信，必须"面向实事本身"，提出"创见"，躬身践行，教育方得始终。这也正是笔者心灵的轨迹。衷心感谢我国著名教育家、华东师范大学教育学部主任袁振国教授于百忙中为本书作序，并给予了诸多鼓励与帮助。十分感谢著名学校品牌管理专家、《学校品牌管理》杂志总编王永江先生对我的信任、支持以及对校本培训高屋建瓴的见地；感谢暨南大学出版社编校人员的辛勤付出，对书稿提出了许多修改意见和建议，尤其是责任编辑潘江曼女士对工作精益求精的精神深深地感动了我。当然，最要感谢的是我的妻子孙荣女士，她随我来穗，经历了太多生活不易，她对本书写作也给予了持续的关注督促。同时，也感谢我曾经的同事们对我的肯定与鼓励，书写了许多美好又真诚的文字，给予了我真诚的帮助和再度出发的力量。

感恩过去，期待美好。教育此静做，春来草自青。

许昌良

2019 年 10 月 18 日于广州